BRAIN DUMPING
브레인 덤핑

The Art of Letting Go:
Stop Overthinking, Stop Negative Spirals, and Find Emotional Freedom
Copyright ⓒ 2023 by Nick Trenton
Korean translation rights arranged with PKCS Mind Inc.
through TLL Literary Agency and BC Agency
All rights reserved.

No part of this publication may be used or reproduced
in any form or by any means without written permission
except in the case of brief quotations embodied in critical articles or reviews.
Korean Translation Copyright ⓒ 2025 by Nexus Co., Ltd

이 책의 한국어판 저작권은 BC에이전시를 통해 저작권자와 독점 계약한 넥서스에 있습니다.
저작권법에 의해 보호를 받는 저작물이므로 무단 전재와 복제를 금합니다.

브레인 덤핑

지은이 **닉 트렌턴**
옮긴이 **김보미**
펴낸이 **임상진**
펴낸곳 **(주)넥서스**

초판 1쇄 발행 2025년 9월 10일
초판 2쇄 발행 2025년 9월 15일

출판신고 1992년 4월 3일 제311-2002-2호
주소 10880 경기도 파주시 지목로 5 (신촌동)
전화 (02)330-5500 팩스 (02)330-5555

ISBN 979-11-94643-82-1   03190

저자와 출판사의 허락 없이 내용의 일부를
인용하거나 발췌하는 것을 금합니다.

가격은 뒤표지에 있습니다.
잘못 만들어진 책은 구입처에서 바꾸어 드립니다.

www.nexusbook.com

BRAIN DUMPING
The Art of Letting Go

생각 정리의 기술
브레인 덤핑

닉 트렌턴 지음 · 김보미 옮김

쓸데없는 걱정과 반복되는 불안에서 벗어나
삶을 긍정적으로 바꾸는 가장 실천적인 방법

(시작하며)

잠들기 전, 불을 끄고 이불을 덮은 채 끝없이 생각에 빠져든 적이 있을 것입니다. 지나간 일을 되돌아보거나 앞으로의 일을 생각하다 보면, 어느새 후회와 불안이 꼬리에 꼬리를 물고 이어집니다. 작가는 이 현상을 생각 중독overthinking이라고 부릅니다.

최근 많은 한국인들이 이러한 생각 중독에 시달리고 있습니다. 산더미 같은 업무, 인간관계, 미래에 대한 불안 등으로 머릿속은 항상 복잡하고, 이를 잊기 위해 무의식적으로 SNS를 넘기거나 영상을 보며 시간을 흘려보냅니다. 하지만 이런 행동은 잠깐의 도피일 뿐, 마음을 가볍게 만들지는 못합니다. 오히려 머리는 더 복잡해지고 공허감은 깊어집니다. 우리는 왜 그런 생각 중독에 빠지게 될까요? 어떻게 하면 생각 중독에서 벗어날 수 있을까요?

이 책은 스스로를 괴롭히는 생각을 끊어내는 여러 가지 심리학적 기법을 제시하고 있습니다. 예를 들어, 이 책에 소개된 책에서 소개하는 '브레인 덤핑 brain dumping'은 생각을 그림으로 그려내는 '마인드맵'과 같이 미국에서 잘 알려진 생각 정리 방법입니다. 머릿속에 쌓인 걱정과 불안, 미련과 원망을 종이나 디지털 공간에 그대로 쏟아냄으로써 머릿속 혼란을 밖으로 꺼내고 뇌와 마음에 여유를 주는, 단순하지만 강력한 방법입니다.

이해할 수 없는 사람들, 끝없이 맴도는 후회와 불안도 때로는 쏟아내고 내려놓는 것이 답이 될 수 있습니다. 생각 중독은 누구에게나 찾아오지만, 생각 훈련을 통해 벗어날 수 있습니다. 즉, '브레인 덤핑'은 생각 정리 방법의 하나를 나타내는 용어이기도 하지만, 이 책에 소개된 모든 심리학적 기법의 본질을 관통하는 단어이기도 합니다.

『브레인 덤핑』은 부정적인 생각을 끊어내고 다시 삶의 중심을 회복하는 가장 실천적인 방법을 담고 있습니다. 독자 여러분이 이불 속에서 쓸데없는 걱정을 곱씹는 대신에 더 나은 하루를 살아가는 데 이 책이 작은 길잡이가 되기를 바랍니다.

한국어판 편집부

(목차)

제1장 마음속의 짐을 내려놓는 법 ·08

통제의 이분법 ·15
비판단적 사고 ·43
자기 거리두기 ·58

제2장 부정적인 생각을 끊어내는 법 ·78

내면의 비판자를 잠재우기 ·83
완벽주의에서 탁월주의로 ·106
집착을 버리기 ·118
미디어를 의식적으로 소비하기 ·144

제3장 성장 마인드셋을 키우는 법 · 158

변화를 받아들이기 · 163
브레인 덤핑 · 177

제4장 생각 중독에서 벗어나는 법 · 192

부정적인 자기 서사를 고쳐 쓰기 · 198
외재화 치료(이야기 치료) · 215

제5장 상처를 이겨내는 법 · 230

해로운 사람을 멀리하기 · 235
용서하는 법을 배우기 · 255
조망수용으로 원망을 내려놓기 · 279

제1장

마음속의 짐을
　　　내려놓는 법

절대 포기하지 마라. 우리는 이런 말을 수없이 들어왔다. 일을 하다가 중도에 그만두는 것은 아예 시작하지 않느니만 못하다는 말도 숱하게 들어왔다. 끈기와 투지, 그리고 어떤 어려움 앞에서도 굴하지 않고 꿈을 향해 나아가는 것이야말로 가치 있다는 사실을 누구나 알고 있다.

　하지만 이 책이 전하려는 이야기는 조금 다르다. 여기서 소개하려는 생각은 훨씬 더 조용하고 소박하다. 우리는 이 책을 통해서, 받아들이고 나아가고 내려놓는 데 필요한 지혜와 용기, 그리고 자기 자신을 향한 친절함을 배우게 될 것이다.

그건 우리가 흔히 들어온 이야기는 아니다.

내려놓기는 인생에서 가장 어려운 일이지만, 동시에 가장 깊은 변화를 불러오는 경험이 될 수 있다. 오랫동안 붙잡고 있던 무언가를 내려놓는다는 것은, 그것이 관계이든, 직업이든, 혹은 오래된 꿈이나 신념, 습관이든 간에 상실이나 실패처럼 느껴질 수 있다. 때로는 마치 스스로를 배신하는 듯한 감정이 들기도 한다. 그러나 내려놓기는 또 다른 의미에서 새로운 가능성과 통찰, 성장을 향해 마음을 열어가는 길이며, 우리에게 해방감과 힘, 그리고 깨달음을 안겨줄 수 있다.

이 책은 감정적 짐을 내려놓는 방법을 새로운 관점에서 조명한다. 과거의 관계를 놓지 못해 힘들어하고 있거나 부정적인 사고의 고리를 끊어내고자 애쓰고 있다면, 이 책이 도움이 될 것이다. 깊은 연민과 통찰을 통해 우리는 마음의 짐을 덜어낼 힘을 얻고, 더 행복하고 건강한 미래를 향해 나아갈 용기를 발견하게 된다. 이제 우리는 삶 속의 실제 사례들과 심리학적 기법을 바탕으로 더 이상 우리에게 도움이 되지 않는 것을 내려놓는 법을 배우고 내려놓기 속에 담긴 고유한 아름다움을 받아들이게 될 것이다.

그 과정에서 자기 인식, 수용, 용서, 감사, 마음챙김, 연민, 회복탄력성과 같은 주제들을 깊이 있게 탐색하며, 내면의 평화와 명료함, 그리고 삶의 목적의식을 어떻게 기를 수 있을지 함께 고민한다. 또한 내려놓기에 대해 흔히 갖는 오해들, 이를테면 그것이 곧 포기하거나 잊는 것이라는 인식을 하나씩 짚어본다. 그러면서 우리의 과거와 현재뿐 아니라 미래의 자아까지 아우르고 존중하는, 보다 섬세하면서도 단단한 관점에 도달하게 될 것이다.

여러분이 개인적인 어려움 속에 있든, 혹은 더 마음챙김이 깃든 의미 있는 삶을 추구하고 있든 상관없다. 이 책은 더 이상 도움이 되지 않는 것들을 내려놓고, 진정으로 필요한 것을 받아들이는 데 필요한 통찰과 영감을 전해줄 것이다.

'내려놓기'는 심리학에서 종종 어떤 대상이나 관계에 대한 집착을 내려놓는 과정으로 설명된다. 이는 개인이 자신의 잠재력을 온전히 발휘하는 데 방해가 되는 부정적인 생각이나 감정, 행동 패턴을 내려놓는 것을 의미한다. 내려놓기의 본질은 통제권을 내려놓고, 더 이상 우리 삶에 도움이 되지 않는 상황에서 한 걸음 물러나는 데 있다.

이 장의 초반부에서는 세 가지 핵심 개념을 다룬다. 바로 통제의 이분법, 비판단적 사고, 그리고 자기 거리두기다. 이 개념들은 서로 연관되어 있으며, 삶의 다양한 상황에 어떻게 접근해야 할지 통찰력을 제공한다.

먼저 통제의 이분법(dichotomy of control) 원칙은 통제할 수 없는 것을 걱정하기보다는 통제 가능한 것에 집중하는 것이 중요하다고 강조한다. 이 개념은 특히 어려움이나 장애물을 헤쳐 나갈 때 유용하게 작용한다. 다음으로 비판단적 사고(nonjudgmental thinking)는 편견이나 선입견 없이 열린 마음으로 상황을 바라보는 태도를 말한다. 마지막으로 자기 거리두기(self-distancing)는 특히 감정적으로 격앙된 순간에 보다 객관적인 시각을 유지할 수 있게 도와주는 기술이다.

이 세 가지 개념은 서로 유기적으로 작용하며, 균형 잡힌 문제 해결 능력과 의사 결정 능력을 기르는 데 도움이 된다.

통제의 이분법

"어떤 것은 우리의 힘 안에 있고, 어떤 것은 그렇지 않다. 우리 힘 안에 있는 것은 의견, 동기, 욕망, 혐오감과 같이, 한마디로 말해 우리 자신의 행위로부터 비롯된 모든 것이다. 반면, 우리 힘 밖에 있는 것은 신체, 재산, 명성, 지위와 같이 우리 자신의 행위에서 비롯되지 않은 모든 것이다."

— 에픽테토스

통제의 이분법은 스토아 철학의 핵심 개념으로 우리가 통제할 수 있는 것과 통제할 수 없는 것을 구분하는 것이 중요하다고 말한다. 이 원칙에 따르면, 사람은 자신의 통제 안에 있는 일에 노력을 집중하고 그 밖의 것들은 받아들여야 한다.

시험 준비를 하는 학생을 예로 들어보자. 학생은 자신의 공부 습관, 집중력, 시간 관리 같은 요소는 통제할 수 있다. 하지만 시험의 난이도, 출제될 문제, 채점 기준 같은 부분은 통제할 수 없다.

이 학생이 통제할 수 있는 것에 집중한다면 학습 계획을 세우고, 시간을 효율적으로 관리하며, 집중력을 유지할 수 있을 것이다. 반면 시험의 난이도처럼 통제할 수 없는 것들에 집착하면 불안과 스트레스를 키우게 되고 결국 성적에도 부정적인 영향을 줄 수 있다.

통제의 이분법은 인간관계에서도 유용하게 작용한다. 예를 들어, 연인 관계에서는 한 사람이 상대방의 생각이나 감정을 통제할 수 없다. 그러나 상대방에 대한 자신의 행동과 반응은 통제할 수 있다. 그러므로 자신의 행동과 소통 방식에 집중하는 것이야말로 건강한 관계를 유지하는 데 도움이 된다. 반대로 상대방의 행동을 바꾸려 하거나 통제할 수 없는 것들에 지나치게 에너지를 쏟는다면 갈등이 생기고 관계에 균열이 생길 수 있다.

여기서 존의 사례를 살펴보자. 존은 어릴 적부터 극도로 질서와 통제를 중시해 왔다. 집안 정리 방식부터 사업 운영, 인간관계에 이르기까지 그의 삶은 작은 것 하나까지 모두 완벽해야만 했다. 존에게는 주변의 모든 것을 통제하는 것이 너무도 자연스러워서 마치 제2의 천성처럼 느껴졌다.

그러던 어느 날, 변화가 찾아왔다. 존은 통제와 자유에 대한 자신의 생각을 뒤흔드는 한 사람을 만났다. 그녀의 이름은 올리비아였다. 그녀는 거침없고 자유분방하며, 누구의 지시나 일정이 아닌 자기만의 방식으로 살아가는 사람이었다. 그녀는 왠지 모르게 존의 신경을 건드렸고, 그가 한 번도 의심해 본 적 없는 신념을 흔들기 시작했다. 마치 그의 속마음을 꿰뚫어보는 듯했고, 정확히 존의 감정을 자극하는 방법을 알고 있는 듯했다.

함께 보내는 시간이 길어질수록 처음에는 뚜렷했던 서로의 차이가 점점 흐려지기 시작했다. 그럼에도 결국 두 사람은 선택의 갈림길에 선다. 존이 철저히 통제된 자신의 세계에 올리비아의 혼돈을 받아들일 것인가, 아니면 그녀를 그 틀 안에 억지로 끼워 넣으려 하다 끝내 잃고 말 것인가? 모든 것을 통제하려는 삶과 타인과 함께하는 진정한 행복을 위해 일부를 내려놓는 삶 사이에서 다른 선택지가 없어 보였다. 긴 자기성찰과 몇 차례의 말다툼 끝에 존은 비로소 깨달았다. 때로는 내려놓는 것이야말로 한 사람의 인생에서 성장을 위해 필요한 일이라는 사실을 말이다. 존은 이제 알게 되었다. 과거에 집착하거나 '만약'의 상황을 자꾸 되새김하는 것은 결국 자신의 삶을 옭아맬 뿐이라는 것을.

따라서 그는 인생의 중대한 사건들, 환경, 감정, 그리고 타고난 성향처럼 통제할 수 없는 것들은 의식적으로 내려놓기로 결심했다. 그 대신 그는 현재에 집중하고, 받아들이며, 공감하고, 충실하게 살아가려 한다. 다시 말해, 자신이 통제할 수 있는 것들에 집중하기로 선택한 것이다. 통제의 이분법은 진정으로 중요한 일에 노력을 기울이고, 통제할 수 없는 것들을 받아들이는 데 도움을 준다. 이러한 태도는 자신의 문제를 외부 환경이나 타인의 탓으로 돌리기보다 자신의 행동과 반응에 책임을 지게 만든다.

가만히 자기 자신을 들여다보자. 그러면 우리가 겪는 삶의 많은 괴로움과 불행이 결국은 타인이 우리가 바라는 대로 움직여주길 바라는 헛된 기대에서 비롯됐음을 알게 될 것이다. 하지만 현실에서 그런 기대는 결코 우리가 통제할 수 있는 일이 아니며, 그래서도 안 된다. 예를 들어, 존은 올리비아가 자신과 다른 방식으로 설거지를 한다는 이유만으로 분노하거나 상처받고, 심지어 모욕감을 느끼며 평생을 허비할 수도 있었다. 그러나 그런 분노가 얼마나 무의미한 감정인지를 깨닫는 순간, 그의 사고방식은 바뀌기 시작했다. 빗속에서 화를 낸다고 날씨가 맑아지지 않듯, 자신의 감정만으로는 올리비아를 바꿀 수 없다는 사실을 받아들였기 때문이다.

 통제할 수 없는 것을 통제하려는 시도가 얼마나 부질없는 일인지를 깨닫는 순간, 우리는 비로소 한 걸음 물러설 수 있다. 그리고 그런 집착이 얼마나 많은 에너지와 시간을 앗아가며, 피할 수 있었던 불행까지 불러왔는지를 분명히 볼 수 있게 된다. 올리비아에게 자신의 방식대로 하라고 설득하거나 그녀를 몰아붙여 '올바른' 설거지 방식을 따르게 하는 것을 인생의 목표로 삼는 대신, 존은 그 에너지를 자신의 전제와 기대를 들여다보는 데 쓸 수 있다. 세상의 모든 사람이 나와 같아야 한다는 바람이 정말 정당한가? 다른 사람이 나와 다르게 선택하고 행동한다고 해서, 정말 세상이 무너질 만큼 큰일인가? 존이 올리비아를 통제할 수 있다는 집착을 내려놓는 순간, 그는 그 헛된 시도를 멈추고 자신의 에너지를 진정으로 의미 있고 효과적인 곳에 쏟을 수 있게 된다.

에픽테토스Epictetus는 이성, 덕, 그리고 우주의 자연 질서에 따라 살아가는 삶의 중요성을 강조한 대표적인 스토아 철학자였다. 그는 자신의 가르침에서 자신이 통제할 수 있는 것에 집중하고 통제할 수 없는 것은 내려놓는 태도의 중요성을 반복해서 설파했다. 처음에는 이 조언이 역설적으로 들릴 수 있지만, 이는 세계와 그 안에서 인간이 차지하는 위치에 대한 스토아 철학의 통찰을 잘 보여준다.

스토아 철학에 따르면, 우주는 로고스logos라 불리는 이성적이고 자비로운 힘에 의해 움직인다. 로고스는 우주의 질서와 조화를 창조하고 유지하는 원리이며, 비록 인간이 그 의미를 항상 이해하지는 못하더라도 모든 일은 그 나름의 이유와 목적을 따라 일어난다고 본다. 스토아 철학자들은 이러한 신성한 섭리와 우주의 이성을 확고히 믿었기 때문에 자신들이 통제할 수 없는 일조차도 담담하게 받아들일 수 있었다.

동시에 스토아 철학자들은 인간에게는 자신의 생각과 감정, 행동처럼 통제 가능한 영역이 있다는 점도 인식했다. 그리고 바로 그 통제 가능한 영역에 주의와 노력을 기울여야 한다고 보았다. 올바른 마음가짐으로 이성과 덕을 기르며 살아갈 때, 비로소 외부 상황에 흔들리지 않고 내면의 평화, 자유, 그리고 진정한 삶의 가치를 누릴 수 있다고 믿었다.

스토아 철학은 자연이 인간에게 준 가장 큰 선물 가운데 하나가 '이성'이라 말한다. 인간은 동물과 달리, 자신의 생각과 감정, 행동을 되돌아보고 스스로 어떤 삶을 살 것인지 선택할 수 있는 존재다. 이러한 이성적 능력은 인간을 인간답게 만들며 위대한 삶을 이끌 잠재력을 부여한다. '바꿀 수 없는 일에는 확신을 갖고, 바꿀 수 있는 일에는 신중하라.'라는 에픽테토스의 조언은 이성과 덕, 그리고 자연의 질서에 따라 살아가야 한다는 스토아 철학의 세계관을 잘 담고 있다. 인간은 자신이 통제할 수 있는 일에 집중하고 바른 마음가짐을 기를 때, 외부 환경과 상관없이 내면의 평화와 자유를 지키며 의미 있는 삶을 살아갈 수 있다.

에픽테토스는 인간 정신이 지닌 세 가지 능력을 지혜롭게 다루는 것이 중요하다고 보았다. 그는 특히 '통제의 이분법'을 통해 이 능력들이 인간의 행복과 직결된다는 점을 강조했다. 첫째, 판단의 능력은 우리가 어떻게 생각하고 느끼며 믿는지를 결정한다. 둘째, 욕망의 능력은 소망과 두려움을 이끌며, 마지막으로 의지의 능력은 우리의 의도와 선택, 그리고 행동을 지배한다. 이 세 가지 능력을 조화롭게 잘 다스릴 때, 우리는 충만하고 도덕적인 삶을 살아갈 수 있다. 결국 에픽테토스의 가르침은 인간이 자신의 경험을 스스로 형성할 수 있는 힘을 지닌 존재라는 점을 말해준다. 그리고 진정으로 행복하고 의미 있는 삶을 살기 위해서는 자신의 생각과 행동에 책임을 져야 한다고 일깨운다.

에픽테토스는 인간 정신의 세 가지 능력들을 지혜롭게 활용하는 것이야말로 좋은 삶을 살아가는 열쇠라고 믿었다.

판단은 우리의 생각과 감정 그리고 신념을 다스리는 능력이다. 이 능력은 우리가 무엇이 참이고 거짓인지, 무엇이 선하고 악한지, 그리고 무엇이 옳고 그른지를 가려낼 수 있게 해준다. 에픽테토스는 판단의 능력을 바탕으로 세상에 대한 정확하고 이성적인 신념을 길러야 한다고 믿었다. 그는 감정이나 편견, 선입견에 휘둘리지 않고 판단하려는 노력이 필요하다고 강조했다. 예를 들어, 어떤 사람이 상사에게 비판을 받았다고 가정해 보자. 처음에는 감정적으로 화가 나거나 방어적으로 반응할 수 있다. 하지만 판단의 능력을 사용하면 상황을 되돌아보고 상사의 비판을 객관적으로 이해하려고 노력할 수 있다. 이러한 태도는 더 이성적이고 성숙한 반응을 선택하는 데 도움이 된다.

욕구는 인간의 욕망과 두려움을 관장하는 능력이다. 이를 통해 우리는 쾌락을 추구하고 고통을 피하려 한다. 에픽테토스는 사람들이 이 능력을 활용해 이성적인 욕망을 기르고, 비이성적인 두려움을 다스려야 한다고 보았다. 우리는 통제할 수 있는 것만을 욕망하고, 통제할 수 없는 것에 대해서는 두려워하지 않도록 노력해야 한다. 어떤 사람이 직장에서의 승진을 원한다고 해보자. 자신의 노력으로 이루어질 수 있는 일이므로 이는 이성적인 욕망이다. 반면, 직장을 잃을까 봐 두려워하는 것은 자기 통제를 벗어난 상황에 대한 걱정이며 비이성적인 두려움이다. 욕구의 능력을 잘 사용한다면, 우리는 비이성적인 두려움에 얽매이지 않고 목표에 더욱 집중할 수 있다.

의지는 인간의 의도와 결정 그리고 행동을 결정하는 핵심적인 능력이다. 이 능력 덕분에 우리는 자신의 욕망을 행동으로 옮기고, 삶의 방향을 스스로 결정할 수 있다. 에픽테토스는 이 의지의 능력을 바탕으로 지혜로운 결정을 내리고 책임 있는 행동을 해야 한다고 믿었다. 우리는 충동적이고 무책임한 행동을 피하고, 이성적인 욕망을 따르기 위해 노력해야 한다. 예를 들어 누군가 더 건강해지고 싶다는 욕망을 품었다고 해보자. 이때 의지의 능력을 잘 활용한다면, 그는 헬스장에 등록하고 운동 계획을 세우기로 결심할 수 있다. 그리고 그 결심을 행동으로 옮겨 정기적으로 운동을 실천해 나갈 수 있다. 이처럼 의지를 잘 활용하는 사람은 자신의 목표를 이루고 더 나은 삶을 만들어갈 수 있다.

좋은 삶을 위해서는 인간 정신의 세 가지 능력을 균형 있게 활용하는 것이 중요하다. 판단의 능력으로 이성적인 신념을 세우고, 욕구의 능력으로 바람직한 방향으로 열망을 유지하며, 의지의 능력으로 책임 있게 결정하고 행동할 때, 우리는 자신의 목표를 성취하고 충만하고 의미 있는 삶을 살아갈 수 있다.

통제의 이분법을 실천하고 적용하는 방법

통제의 이분법은 언뜻 복잡하게 들릴 수 있지만, 실제로는 매우 단순하면서도 삶에 깊은 영향을 줄 수 있는 철학이다. 그 핵심은 우리가 통제할 수 있는 것에 집중하고, 그 외의 모든 것은 내려놓는 데 있다. 처음에는 직관에 반하는 방식처럼 느껴질 수 있지만, 이런 사고방식은 삶의 기복을 더 유연하고 강한 회복력으로 헤쳐 나가게 해준다. 물론 모든 기술이 그렇듯, 통제의 이분법 역시 실천하려면 연습이 필요하다. 하지만 꾸준히 노력하면 이 철학은 점차 자연스러운 삶의 태도로 자리 잡게 된다. 힘든 직장 생활이나 어려운 인간관계, 혹은 일상적인 스트레스에 시달릴 때도, 통제의 이분법은 내면의 평온과 명료함을 유지하는 데 큰 힘이 된다.

본격적으로 들어가기에 앞서, 한 가지 짚고 넘어갈 점이 있다. 올바른 판단력을 기른다고 해서 감정 없는 로봇처럼 살아야 한다거나 진실된 감정을 외면해야 한다는 뜻은 아니다. 우리는 강렬한 감정을 경험하면서도 동시에 더 깊이 사고하고 지혜롭게 행동할 수 있다. 감정을 억누르거나 부정할 필요는 없다. 다만 그 감정을 있는 그대로 이해하고, 그 감정에 지배당하거나 휘둘리지 않도록 스스로를 다잡아야 할 뿐이다.

✦ 1단계: 현재에 집중하기

첫 번째 단계는 현재에 온전히 집중하는 것이다. 스토아 철학에서 통제의 이분법을 실천하는 데 핵심이 되는 요소 중 하나는 현재의 순간에 끊임없이 집중하는 힘을 기르는 것이다. 이는 과거에 대한 후회나 걱정 혹은 미래에 대한 불안이나 기대에 사로잡히지 않고, 지금 이 순간 일어나고 있는 일에 온전히 몰입하도록 마음을 훈련하는 것을 의미한다.

대부분의 불안과 불필요한 되새김이 가상의 미래나 이미 지나간 과거에서 비롯된다는 점을 떠올려보면, 이는 충분히 타당한 말이다. 마음이 과거에 얽매이거나 아직 오지 않은 미래를 걱정하며 괴로워할 때, 우리는 현실이 아닌 생각에 스스로를 묶어두는 셈이다. 그리고 과거나 미래에 대한 걱정으로 흘려보내는 그 모든 순간은, 사실 지금 이 순간을 더 의미 있게 살아갈 수 있는 소중한 순간이기도 하다.

집중력을 기르는 한 가지 방법은 마음챙김 명상 *mindfulness*

meditation을 실천하는 것이다. 마음챙김이란 호기심과 열린 마음, 그리고 판단하지 않는 태도로 지금 이 순간에 온전히 주의를 기울이는 연습을 말한다. 꾸준히 연습하다 보면 자신의 생각과 감정, 감각을 더 정교하게 인식하게 되고, 마음이 현재에 집중하는 능력도 점차 강화된다. 다음은 아침 루틴을 통해 일상 속에서 마음챙김을 연습하는 방법이다.

아침에 잠에서 깨면 먼저 몇 차례 깊이 숨을 들이쉬며 자신의 몸과 주변 환경에 의식을 집중한다. 침대에서 일어날 때는 발이 바닥에 닿는 느낌과 방 안의 온도, 그리고 들려오는 소리에 주의를 기울여본다. 양치할 때는 칫솔모가 잇몸에 닿는 감촉, 치약의 맛, 손과 팔의 움직임 같은 감각 하나하나를 집중해서 느껴보자.

샤워를 할 때는 피부에 닿는 물의 감촉을 느끼고, 비누나 샴푸에서 퍼지는 향을 천천히 음미한다. 그 순간 마음속에 떠오르는 어떤 생각이나 감정이 떠오르더라도 억누르거나 판단하지 않고 조용히 바라본다. 아침 루틴을 이어가는 내내 마음이 딴생각에 빠지거나 하루에 대한 걱정으로 흐르지 않도록 유의하며, 지금 이 순간에 머무르며 동작 하나하나에 집중해

보자. 이처럼 현재에 주의를 기울이는 연습을 통해 우리는 더 깊은 내면의 평온과 차분함을 경험하게 된다. 그리고 이는 일상 속의 크고 작은 흔들림을 더 단단히 견뎌내고 다스릴 수 있는 힘이 되어줄 것이다.

현재에 머무는 또 하나의 마음챙김 기법으로 바디 스캔 명상body scan meditation이 있다. 편안히 눕거나 앉은 상태에서 발끝부터 머리까지 몸의 각 부위에 차례로 주의를 기울이는 방식이다. 각 신체 부위에 집중할 때는 그곳에서 느껴지는 감각이나 느낌을 판단하거나 분석하지 않고 그저 있는 그대로 알아차리면 된다. 이러한 연습은 마음이 지금 이 순간에 깊이 머물도록 도와주며, 몸이 편안해지고 자신이 느끼는 감각을 더 잘 알아차릴 수 있게 해준다. 다음은 바디 스캔 명상을 일상에 적용하는 방법이다.

방해받지 않고 편안히 앉거나 누울 수 있는 조용하고 아늑한 공간을 찾아보자. 요가 매트나 방석, 의자 등을 활용해 몸을 안정적으로 지지해도 좋다. 눈을 감고 몇 차례 깊은 숨을 들이쉬며, 몸에 남아 있는 긴장을 천천히 풀어준다. 이제 발가락에 주의를 집중해 본다. 따뜻함, 저릿함, 긴장감 등 발가락에서 느껴지는 어떤 감각이든 주의를 기울인다. 그 감각들을 판단하거나 분석하려 하지 말고, 있는 그대로 바라보자.

주의를 천천히 발 전체로 옮기며 다른 어떤 감각이나 느낌이 있는지 집중해 본다. 이어서 종아리, 허벅지, 엉덩이, 허리, 복부, 가슴, 팔, 손, 목, 그리고 마지막으로 머리까지 주의를 차례로 이동시킨다. 각 신체 부위마다 잠시 머무르며 떠오르는 감각이나 느낌을 있는 그대로 인식한다. 긴장되거나 불편함이 느껴지더라도, 억지로 바꾸거나 고치려 하지 말고 그저 인식한 채 그대로 놓아둔다. 중간에 딴생각이 떠오르더라도 조용히 현재로 주의를 되돌려 바디 스캔을 이어간다.

정수리에 도달하면 몇 차례 깊고 느린 심호흡을 한다. 몸과 마음이 편안해진 상태로 지금 이 순간의 감각과 느낌을 또렷이 느껴본다. 준비가 되면 천천히 눈을 뜨고, 한두 번 심호흡한 뒤 일어난다.

바디 스캔 명상은 개인의 일정이나 선호에 따라 짧게는 5분, 길게는 30분까지도 할 수 있다. 스트레스를 줄이고 수면의 질을 높이며, 일상 속에서 마음챙김을 실천하는 데 효과적인 방법이다.

하지만 '지금 이 순간에 머문다'라는 것이 과연 현실적으로 가능한 일인지 또는 과거를 돌아보고 거기서 배우거나 미래를 계획하는 일이 정말 무의미한 것인지 의문이 들 수도 있다. 실제로 완전히 현재에만 머무르며 사는 것은 가능하지도 않고 바람직하지도 않다. 그러나 아이러니하게도 마음챙김을 실천함으로써 우리는 오히려 과거와 미래 모두에 더 생산적으로 접근할 수 있게 된다. 불안과 무의식적인 반응에 휘둘리던 마음이 신중하고 의식적으로 작동하게 되기 때문이다. 그리고 이 점은 우리를 자연스럽게 다음 단계로 이끈다.

✦ 2단계: 통제할 수 있는지 자문하기

통제의 이분법을 실천하는 두 번째 단계는, 어떤 상황이나 환경이 자신의 통제 안에 있는지를 끊임없이 자문하는 습관을 기르는 것이다. 이는 자신의 생각과 반응을 의식적으로 들여다보는 마음챙김을 통해 현재 상황을 바꿀 힘이 자신에게 있는지를 스스로에게 질문하는 과정을 의미한다.

예를 들어, 누군가가 출근길에 운전하다가 꽉 막힌 도로에 갇혔다고 상상해 보자. 그는 지각에 대한 불안과 짜증을 느낄 것이다. 그러나 통제의 이분법을 적용하면, 스스로에게 이렇게 물을 수 있다. "이 교통 상황은 내 통제 범위 안에 있는가?" 그에 대한 답은 '아니오'다. 그는 교통 흐름을 바꿀 수 없기 때문이다. 따라서 그는 교통 상황 자체는 자신이 관여할 수 없는 영역이라는 점을 떠올리는 순간 자신이 통제할 수 있는 것에 집중하게 된다. 예를 들어, 어쩔 수 없는 상황에 대한 자신의 반응을 조절하거나, 정체된 시간 동안 오디오북을 듣거나 친구에게 전화를 거는 등 의미 있게 시간을 활용할 방법을 찾을 수 있다. (또는 교통체증에서 벗어날 수 있는 가까운 우회로를 찾아보는 것도 방법이 될 수 있다.)

또 다른 예는 과제에서 낮은 점수를 받은 학생의 경우다. 이때 결과에 집착하며 속상해하기보다는 통제의 이분법을 적용해 그 성적이 자신의 완전한 통제 아래에 있는지를 자문해 볼 수 있다. 대답은 '아니오'다. 점수는 이미 나왔고, 되돌릴 수 없기 때문이다.

따라서 학생은 다음 과제를 더 열심히 공부하거나 교사에게 조언을 구하고 개선 방향을 찾는 등 자신이 통제할 수 있는 것에 집중할 수 있다. 즉, 지금 이 순간 그 학생이 영향을 미칠 수 있는 유일한 것은 앞으로 받게 될 점수다. 이처럼 우리는 미래를 바라보는 더 건강하고 생산적인 방식이 존재한다는 것을 깨닫게 된다. 단순히 '다음에도 또 나쁜 점수를 받지 않을까?' 하고 걱정하는 것과 '새로운 과제가 주어졌고, 지금 이 순간 최선의 결과를 위해 행동할 수 있는 힘이 나에게 있다.' 하고 깨닫는 것 사이에는 분명한 차이가 있다는 사실에 주목하자.

과거의 고통스러운 기억이 반복적으로 떠오른다면 스스로에게 물어보자. 그 기억에서 내가 배울 수 있는 교훈이 있는가? 지금 이 순간 적용할 수 있는 교훈이 있는가? 만약 없다면, 더 이상 그 일에 얽매일 이유는 없다.

마찬가지로 미래에 실제로 일어날 수도 있고 단지 상상에 불과할 수도 있는 어떤 일로 불안하다면, 자신에게 다시 한 번 자문하자. 지금 당장 그 상황을 대비하거나 피할 수 있는 행동이 있는가? 만약 할 수 있는 일이 없다면, 그것은 우리의 통제 범위를 벗어난 일이다. 그런 경우에는 그것을 무시하거나, 견디거나, 받아들이고 나아가는 법을 배우는 것이 더 현명한 선택이다.

주어진 상황이나 환경이 자신의 통제 안에 있는지를 끊임없이 자문하는 습관을 지속적으로 실천하는 방법을 알려주는 또 하나의 예를 살펴보자. 소프트웨어 회사의 부서장인 맥스는 기술적인 문제로 인해 프로젝트가 지연되고 있는 상황에 놓여 있다. 일정이 예상보다 늦어지면서 전체 마감 기한에 차질을 줄 수 있어, 그는 좌절하며 스트레스를 받고 있다.

그러나 그는 상황에 휘둘리기보다는 잠시 멈춰 서서 "이 상황에서 내가 통제할 수 있는 부분은 무엇일까?" 하고 자문해 볼 수 있다. 그는 아마도 팀원들과 관계자들에게 지연 상황을 공유하고, 중요 업무의 우선순위를 정하며, 가능한 대안을 모색할 수 있음을 깨달을 것이다. 다음으로 그는 "이 상황에서 내가 통제할 수 없는 것은 무엇일까?" 하고 자문해 볼 수 있다. 그러면 프로젝트를 지연시킨 기술적인 문제나 프로젝트 일정에 생긴 차질은 자신의 통제 범위를 벗어난 것임을 깨달을 것이다.

이러한 단계별 접근을 통해 맥스는 상황을 해결하기 위해 자신이 어떤 조치를 취할 수 있으며, 어떤 부분은 내려놓아야 하는지를 보다 분명하게 파악할 수 있다. 그 결과 그는 통제 가능한 일에 에너지를 집중할 수 있고, 이는 더 큰 자율성과 높은 생산성으로 이어진다.

이처럼 주어진 상황이나 환경이 자신의 통제 범위 안에 있는지를 끊임없이 자문하는 습관은 삶 속에서 실질적이고 실행 가능한 도구가 된다. 우리는 이 습관을 통해 스트레스를 효과적으로 다스리고, 어려운 상황에서도 보다 현명하게 길을 찾아 나아갈 수 있다.

✦ 3단계: 통제할 수 없는 부분이 있음을 받아들이기

통제의 이분법을 연습하고 실천하는 세 번째 단계는 "이것이 내 통제하에 있는가?"라는 오랜 질문에 답을 구하는 것이다. 이에 대한 답이 '부분적으로 그렇다'라면, 에픽테토스는 우리가 통제할 수 있는 부분에는 최선을 다하고 나머지는 자연의 섭리에 맡기라고 조언한다. 이는 곧 자신이 통제하고 영향 줄 수 있는 부분에 대해서는 책임감을 가지고 최선을 다하되, 상황 중 일부는 자신의 힘으로 어찌할 수 없다는 사실을 이해하고 받아들이는 것을 의미한다.

이를테면, 누군가 면접을 준비하고 있다고 상상해 보자.

그는 면접을 위한 준비나 복장, 그리고 면접에 임하는 태도는 스스로 통제할 수 있지만, 면접관의 선호나 편견, 그리고 면접 결과 자체는 통제할 수 없다. 이 사실을 받아들이면, 그는 면접에 최선을 다해 집중하면서도 최종 결정은 자신의 손에 달려 있지 않다는 사실을 받아들일 수 있다.

이처럼 통제의 일부를 자연의 섭리에 맡기는 연습은 우리가 어찌할 수 없는 상황에서 불필요한 스트레스와 불안을 덜어내는 데 도움이 된다. 결국 통제할 수 있는 것에 집중하고 통제할 수 없는 것은 받아들이는 태도는 어려움과 시련 속에서도 평정심과 마음의 평화를 유지하며 삶을 대할 수 있게 해 준다.

어떤 상황도 100% 자신의 통제 아래 있거나, 100% 벗어나 있는 경우는 없다. 우리가 불안하거나 부정적인 감정에 휩싸일 때는, 자신이 얼마나 통제할 수 있는지 자세하게 파악하지 못하고 흑백 논리나 극단적인 사고에 빠지기 쉽다. 그 결과 아무것도 할 수 없다는 잘못된 믿음에 빠지거나 반대로 모든 것이 자신의 통제 아래 있다는 비현실적인 기대를 갖게 되기도 한다.

이럴 때는 어떤 일이 통제 가능한지, 불가능한지를 단정적으로 나누기보다는 "지금 이 상황에서 내가 통제할 수 있는 부분은 무엇일까?" 하고 자문해 보는 것이 훨씬 유익하다. 물론 통제할 수 없는 부분이 무엇인지 묻는 것도 유용하긴 하지만, 거기서 얻을 수 있는 결론은 대개 그 상황을 넘기는 것뿐이다. 반면 통제 가능한 것이 무엇인지 묻는 질문은 우리를 다음 단계로 자연스럽게 이끈다. 즉, 상황을 개선하기 위해 어떤 실질적인 행동을 취할 수 있는지를 생각하게 해준다.

이미 내뱉은 말이 남에게 상처를 주었다고 그 말을 되돌릴 수는 없다. 하지만 지금 이 순간 그 사람에게 친절을 베풀며 관계를 회복할 수는 있다. 당장은 완전히 새로운 직장을 구할 수 없더라도, 현재의 일터나 일정에 변화를 줌으로써 지금의 일을 조금 덜 힘들게 만들 수 있다. 회의에서 모두가 내 뜻대로 투표하게 만들 수는 없지만, 내가 할 수 있는 최선을 다해 의견을 전달하고 투표의 순간에는 내 한 표를 온전히 행사할 수는 있다.

삶은 예측 불가능하며 늘 계획대로 흘러가는 것도 아니다. 그렇기에 통제할 수 없어 보이는 상황에 맞닥뜨렸을 때,

모든 것을 온전히 장악할 수는 없다는 사실을 기억하는 것이 중요하다. 그렇다고 해서 그저 손을 놓고 삶이 흘러가는 모습을 바라보기만 해야 한다는 뜻은 아니다. 오히려 일부만 통제할 수 있더라도 그 모든 상황을 최대한 활용하기 위해 노력해야 한다는 의미다.

예를 들어, 어떤 사람이 친구들과 야외로 소풍을 가기로 했는데, 날씨가 흐리다는 사실을 알게 되었다고 가정해 보자. 날씨를 마음대로 바꿀 수는 없지만, 보드게임이나 카드게임처럼 날씨가 나빠도 즐길 수 있는 활동을 준비할 수는 있다. 통제할 수 있는 것에 최선을 다하고, 나머지는 운에 맡기며 모든 일이 잘 풀릴 것이라 믿는 것이다. 이런 식으로 인간적으로 할 수 있는 모든 노력을 다했다는 확신이 있을 때 우리는 '운명'을 담담하게 받아들일 수 있다. 아이러니하게도 아무런 행동도 하지 않은 채 불평과 투정만 늘어놓는 사람일수록 바꿀 수 없는 불쾌한 현실을 받아들이기를 가장 어려워한다.

상황을 부분적으로 통제하고, 나머지는 섭리에 맡기는 태도를 어떻게 실천할 수 있는지를 보여주는 또 하나의 사례를 살펴보자. 프리랜서 작가인 사만다는 최근에 한 유명 프로젝트의 제안서를 제출해 달라는 요청을 받았다. 이 프로젝트가 앞으로 더 많은 기회로 이어질 수 있다는 사실을 알기에, 그녀는 의뢰인에게 깊은 인상을 남기고 싶었다. 사만다는 프로젝트에 대해 꼼꼼히 조사하고, 강력한 제안서를 완성하기 위해 많은 시간과 정성을 쏟았다.

그러나 제안서를 제출한 뒤, 사만다는 이 프로젝트를 두고 여러 명의 뛰어난 작가들이 경쟁하고 있다는 사실을 알게 되었다. 이 시점에서 사만다는 이 상황이 오직 부분적으로만 자신의 통제 아래에 있다는 사실을 깨닫는다. 제안서의 완성도는 통제할 수 있지만, 의뢰인의 결정이나 다른 작가들의 실력과 결과물은 그녀가 어찌할 수 없는 영역이다.

상황을 최대한 긍정적으로 활용하기 위해 사만다는 자신이 통제할 수 있는 일에 집중한다. 의뢰인에게 이번 기회에 대한 감사의 뜻을 전하고, 궁금한 점이 있으면 언제든지 답변하겠다는 정중한 후속 이메일을 보낸다. 아울러 다른 잠재 고객들에게도 연락을 취하고, 다른 글쓰기 프로젝트에도 성실히 임하며 시간을 보낸다.

사만다는 프로젝트 결과에 영향을 미칠 수 있는 통제 불가능한 요소들이 존재한다는 사실을 잘 알고 있다. 하지만 자신이 통제할 수 있는 부분에 집중함으로써 상황에 대한 주도권은 커지고, 불안은 자연스럽게 줄어든다. 그녀는 잠재 고객이 어떤 결정을 내릴지 곱씹으며 시간을 허비하지 않는다. 이 프로젝트가 인연이라면 성사될 것이고, 그렇지 않더라도 앞으로 또 다른 기회들이 찾아올 것이라 믿는다. 그녀가 미래의 기회를 확신할 수 있는 이유 중 하나는, 바로 지금 이 순간에도 그 가능성을 높이기 위해 적극적으로 행동하고 있기 때문이다.

이처럼 사만다는 상황을 부분적으로 통제하고 나머지는 섭리에 맡기는 개념을 자신의 프리랜서 작가 경력에 적용하고 있다. 통제할 수 있는 것에 집중하고 통제할 수 없는 것을 받아들이는 태도를 취함으로써, 불확실하거나 도전적인 상황에서도 더 큰 회복탄력성resilience과 평온함을 유지하며 자신의 일에 임할 수 있는 것이다.

통제의 이분법을 위한 2분 명상

어려운 과목에서 성적 때문에 고군분투하는 학생이 있다고 해보자. 스스로 생각하기에는 공부와 시험 준비에 최선을 다하는데, 시험 결과는 여전히 실망스럽기만 하다. 이럴 때 '통제의 이분법을 위한 2분 명상'을 시도해 볼 수 있다. 먼저 종이 한 장과 펜을 준비한 뒤, 종이에 큰 원을 그리고 그 안에 작은 원을 하나 더 그린다. 그런 다음, 작은 원 안에는 성적과 관련하여 자신이 통제할 수 있는 요소들을 적는다. 예를 들면 다음과 같다.

- 매일 공부에 들인 시간
- 공부하는 방식(노트 필기, 교과서 읽기, 영상 시청 등)
- 수업 시간에 교수에게 질문을 했는지, 도움을 요청했는지 여부
- 시험에 임하는 태도(침착함 유지, 문제를 꼼꼼히 읽기, 답안 다시 확인하기 등)

다음으로 큰 원 안에는 통제할 수 없는 것들을 적는다. 예

를 들어 다음과 같은 내용이 될 수 있다.

- 과목 자체의 난이도
- 시험 출제 방식과 채점 기준
- 시험을 치르는 제한 시간
- 같은 수업을 듣는 다른 학생들의 학업 성과

이 모든 요소들은 아무리 노력해도 통제할 수 없는 것들이다. 실제로 이러한 요소들이 학업의 어려움에 영향을 미쳤을 수도 있지만, 학생이 그것들을 바꿀 방법은 아무것도 없다.

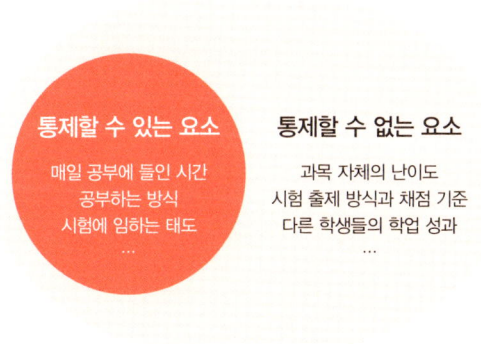

통제의 이분법을 위한 2분 명상의 예시

두 개의 원을 완성한 학생이라면 상황을 이제 어떤 부분에 집중해야 상황을 개선할 수 있을지 점차 보이기 시작할 것이다.

예를 들어, 효과적인 공부 방법을 찾거나 교수에게 도움을 요청하는 등 자신이 통제할 수 있는 일에 에너지와 정신을 집중할 수 있다. 반면, 과목의 난이도나 다른 학생들의 성과처럼 통제할 수 없는 부분은 내려놓을 수 있다.

통제의 이분법을 활용한 명상은 학생이 어려움 속에서도 주도권을 되찾고 무력감을 덜어낼 수 있게 해준다. 바꿀 수 있는 부분에서는 행동을 취하고, 바꿀 수 없는 부분은 받아들이게 되는 것이다. 결국 통제할 수 있는 것에 집중함으로써 성공 가능성을 높이고, 자신의 역량에 대한 자신감도 키울 수 있다.

비판단적 사고

비판단적 사고란 자신의 생각을 관찰하고 인식하되, 그에 대해 어떤 평가나 해석도 덧붙이지 않는 태도를 말한다. 이러한 사고방식은 경험을 보다 객관적이고 편견 없이 바라보게 하기 때문에 내려놓기에 있어 매우 중요한 역할을 한다. 비판단적 사고가 부족하면 부정적인 생각이나 감정에 사로잡혀 불필요한 스트레스와 불안을 만들어내기 쉽다.

비판단적 사고는 자신의 생각과 감정을 수치심이나 죄책감 없이 있는 그대로 받아들이게 해준다. 그 결과 자신의 능력을 한계 짓는 부정적인 믿음에서 벗어나 앞으로 나아갈 수 있는 힘을 얻게 된다. 이를 지속적으로 연습해 나간다면, 우리는 자기 자신과 주변 세계를 더 깊이 이해하게 되고 궁극적으로는 더욱 평화롭고 만족스러운 삶에 가까워질 수 있다.

비판단적 사고는 내려놓기를 위한 핵심 요소다. 이는 자신의 생각과 감정을 옳고 그름으로 재단하지 않고, 있는 그대로 관찰하고 인정하는 능력을 의미한다. 반대로, 판단적인 사고는 종종 사람들을 부정적인 감정의 고리에 가두고, 앞으로 나아가지 못하게 만든다. 일례로 어떤 사람이 직장에서 실수를 하고 상사에게 질책을 받았다고 해보자. 이때 자신을 실패자나 무능력자로 단정 짓기보다는 자신의 생각과 감정을 친절하고 이해심 있는 태도로 바라보려 노력할 수 있다. 이러한 태도는 상황을 더 객관적으로 볼 수 있게 도와주며, 발전을 가로막는 부정적인 감정에서 벗어나는 데에도 큰 도움이 된다. 본질적으로 비판단적 사고는 자신과 타인을 더 연민 어린 시선과 포용적인 자세로 대하게 해주며, 이는 내려놓기의 과정에서 결정적인 역할을 한다.

비판단적 사고는 실제로 다양한 심리 치료와 마음챙김 훈련에서도 핵심 요소로 다뤄진다. 변증법적 행동 치료 DBT[1] 기술 훈련 그룹에 참여하는 사람들은 마음챙김 훈련의 일환으로 판단 없이 사고하는 방법을 배운다. 마음챙김 수련은 개인

---

1 경계선 성격장애를 치료하기 위해 개발된 다면적 치료 프로그램.

이 자신의 행동을 있는 그대로 관찰하고 묘사하는 능력을 키우는 데 도움을 주며, 이는 특히 새로운 행동을 배우거나 문제를 해결해야 할 때, 변화의 필요성을 인식하거나 과거를 놓아 줄 때 매우 중요한 기초가 된다.

이러한 훈련은 선입견이나 편견에 얽매이지 않고 삶에 더욱 온전히 몰입할 수 있도록 돕는다. 그 궁극적인 목표는 비판단적 태도를 기르는 데 있다. 이는 사물을 좋고 나쁨으로 나누기보다 있는 그대로 인식하고 받아들이는 법을 배우는 것을 의미한다. 결국 이 훈련은 주관적인 해석이나 평가를 더하기보다 사실 자체를 이해하고 수용하는 데 초점을 맞춘다.

마음챙김을 실천하고 비판단적 태도를 길러 나가면 우리는 더 큰 정서적 안정과 회복탄력성을 경험할 수 있다. 이는 스트레스 관리와 감정 조절, 타인과의 관계 개선에 크게 기여한다(Hoge 외, 2013). 또한 현재의 순간을 깊이 이해하고 수용할 수 있게 되면, 삶에 긍정적인 변화를 만들어내고 자신의 목표를 향해 더욱 효과적으로 나아갈 수 있는 기반을 마련할 수 있다(Chambers 외, 2008).

판단이라는 개념은 흔히 개인의 선호나 의견을 표현하는

데 사용되지만, 때로는 주변 상황을 빠르고 부정확하게 해석하는 방식으로 작용해 우리의 생각과 행동에 영향을 미치기도 한다. 사람들의 판단은 대개 자신의 경험에 기반하며, 그것이 반드시 객관적인 사실인 것은 아니다.

예를 들어, 어떤 사람이 옷이 예쁘다고 말할 때, 이는 단순히 그 옷에 대한 개인적인 선호를 표현한 것이다. 반대로 어떤 것이 못생겼다고 말한다면, 그것은 그 대상이 마음에 들지 않는다는 뜻일 뿐이다. 문제는 사람들이 이러한 의견이나 취향이 지극히 주관적인 것이며, 반드시 현실을 반영하는 것은 아니라는 사실을 자주 잊어버린다는 것이다.

결정을 내리는 것은 삶의 자연스러운 일부다. 하지만 감정적 반응을 줄이기 위해서는 자신의 판단적인 사고를 인식하고 비판단적으로 사고하는 법을 배우는 것이 중요하다. 자신의 생각에 더 주의를 기울이고 성급한 판단을 자제함으로써, 사람들은 세상을 보다 객관적이고 균형 잡힌 시각으로 바라볼 수 있게 된다. 이러한 태도는 감정 조절 능력을 높이고 자기 인식을 증진시키며, 타인과의 관계에서도 더욱 만족스러운 경험으로 이어질 수 있다.

비판단적 태도를 기르기 위한 연습

✦ 판단을 비판단으로 바꾸기

판단을 비판단으로 바꾸는 연습은 부정적인 판단을 비판단적인 형태로 다시 표현하여 더 객관적이고 균형 잡힌 시각을 기르는 데 목적이 있다. 이 연습은 의견이나 선호를 표현하는 대신, 상황을 사실에 근거해 묘사하고 그에 대한 자신의 감정과 생각을 있는 그대로 인식하는 것을 목표로 한다.

"나는 비행기에서 우는 아기가 정말 싫다. 모두가 부모가 될 필요는 없잖아!"라고 말하는 대신, 더 마음챙김적인 표현으로 이렇게 바꿔볼 수 있다. "내 뒷좌석에서 아기가 크게 울고 있어. 나는 그 부모에게 화가 나고, 그들이 좀 더 잘 대처했으면 좋겠다고 생각해. 하지만 어쩌면 그들이 통제할 수 없는 상황일 수도 있지 않을까? 아기들은 제멋대로니까 부모가 할 수 있는 일에도 분명 한계가 있을 거야. 그렇지만 지금 내가 짜증이 나고 화가 난 건 분명한 사실이지." 이처럼 판단을 다시 표현하면, 타인에게 비난이나 부정적인 태도를 덧씌우지 않으면서도 자신의 감정을 솔직하게 인정할 수 있다.

마찬가지로, "내 남자 친구는 정말 이기적이야. 진짜 싫어! 너무 재수 없어! 자기 생각밖에 안 해! 우리가 한 약속도 항상 잊어버린다고."라고 말하는 대신, 더 마음챙김적인 표현으로 이렇게 말할 수 있다. "남자 친구가 오늘 우리 약속을 잊었어. 항상 그런 건 아니지만, 나는 지금 화가 나고, 말다툼을 하고 싶은 기분이 들어. 그가 자기밖에 생각하지 않는다고 여겨지지만, 사실 꼭 그런 것만은 아닐 수도 있어." 이 예시에서 화자는 감정에 휘둘리지 않고, 자신의 생각을 사실에 비추어 보며 처음의 판단이 반드시 정확하지 않을 수 있음을 인식하고 있다.

이 연습을 통해 사람들은 자신의 판단을 인식하고 다시 표현하는 법을 배우며, 상황을 보다 객관적이고 너그러운 방식으로 바라볼 수 있게 된다. 예를 들어, "앞에 있는 멍청한 운전자는 운전도 제대로 못 하네! 내 차선에 끼어들다니, 도대체 무슨 생각이람?"이라고 말하는 대신 이렇게 표현할 수 있다. "앞차가 매우 빠르게 운전하며 내 차선으로 끼어들었어. 그 순간 나는 위협을 느꼈고, 이 모든 상황이 나를 화나게 만들었지." 이처럼 상황을 있는 그대로 묘사하고 타인에게 비난이나 판단을 덧붙이지 않으면서도, 자신의 감정을 솔직하게 인정하는 태도는 일상 속에서 더 큰 공감과 이해심을 기르는 데 도움이 된다.

하지만 비판단적 사고란 억지로 긍정적이거나 낙관적으로 생각하라는 뜻이 아니다. 그것은 단지 감정에 치우친 과도한 해석이나 평가, 도덕적 비난을 삼가고 보다 중립적인 시각을 유지하는 것을 의미한다. 우리가 내리는 많은 판단은 사실 그 자체라기보다, 왜곡된 해석에 근거한 경우가 많다. 다음번에 감정이 격해질 때는 이렇게 자신에게 물어보자. "만약 내가 완전히 중립적인 제삼자라면, 이 상황을 어떻게 바라볼까?" 상황을 있는 그대로 묘사해 보는 것만으로도, 복잡하고 힘든 순간에 느끼는 마음의 고통을 상당 부분, 어쩌면 거의 대부분 덜어낼 수 있다.

이 개념을 좀 더 확실히 이해하기 위해, 어느 젊은 여성의 사례를 살펴보자. 그녀는 낙천적인 성격이지만 스스로를 너무 엄격하게 평가하는 버릇이 있었다. 그녀는 다방면에서 재능이 뛰어났지만, 자신의 성과를 기뻐하기보다는 늘 자책하곤 했다. 어떤 일이 잘 풀리지 않았을 때면, 상황이나 외부 요인을 돌아보기도 전에 "내가 더 잘했어야 했어." 혹은 "이건 전부 내 잘못이야."라며 자신을 탓하곤 했다.

그러던 어느 날, 그녀는 더 이상 이렇게 살 수 없다고 결심했다. 변화가 필요하다는 걸 깨달은 것이다. 그리고 자책하는 사고방식에서 벗어나기 위해, 부정적인 자기 대화를 보다 현실적이고 긍정적인 방식으로 바꾸기로 마음먹었다.

먼저 자신에게 부정적인 생각이 떠오르는 순간들을 기록하는 것으로 시작했다. 대개 일이 계획대로 풀리지 않을 때나 누군가로부터 상처가 되는 말을 들었을 때였다. 예전 같으면 그런 말에 휘둘려 부정적인 생각 속으로 점점 빠져들었겠지만, 이제는 의식적으로 한 걸음 물러서서 상황을 객관적으로 바라보려 애썼다. 정말 무엇이 잘못되었는지를 되짚어 보되, 그 일이 벌어진 전체적인 맥락도 함께 살펴보았다. 그 결과, 실수는 여전히 실수였지만 더 이상 모든 것을 망친 큰 실패로 느껴지지 않았다. 오히려 지금까지 잘해온 수많은 순간들 속의 한 조각일 뿐이라는 사실을 깨달을 수 있었다.

그녀는 이어서 스스로에게 말을 건네는 방식에도 변화를 주기 시작했다. 날카로운 자책 대신, "이번 경험에서 무언가를 배울 수 있어."라거나 "나는 최선을 다하고 있어."와 같은 따뜻한 말들로 자신을 다독였다. 이러한 말들은 그녀에게 자신감을 심어주었고, 앞으로 또 다른 어려움이 닥쳤을 때도 다시 일어설 수 있는 회복탄력성을 길러주었다. 하지만 그 무엇보다도 중요한 변화는 무엇이었을까? 바로 결과가 어떻든 간에 자신이 모든 것을 다해 최선을 다했다는 사실에 자부심을 느낄 수 있게 되었다는 점이다. 이는 성공이라는 외적 기준만으로 자신의 가치를 증명하려 애쓰는 삶에서 벗어나, 진정한 내면의 만족을 실현하는 데 있어 결정적인 한 걸음이 되었다.

이 이야기의 교훈은 단순하다. 판단은 그것을 현명하게 사용하지 않는 한, 아무런 유익도 가져다주지 않는다. 그렇다면 부정적인 자기 대화를 더 현실적이고 긍정적인 말로 바꾸면서, 판단을 비판단으로 바꾸는 법을 배우는 게 좋지 않을까? 결국 인생은 저 너머에서 훨씬 더 밝게 빛나기 마련이다.

✦ 반복적인 판단 다루기

반복적인 판단이란 사람들이 자신이나 타인, 혹은 어떤 상황에 대해 끊임없이 되풀이해서 내리는 판단을 말한다. 이러한 판단은 대체로 부정적이며, 그로 인해 부정적인 감정과 행동이 뒤따르기 쉽다. 이를 다루기 위한 연습은 세 단계로 구성된다. 먼저 자신의 판단을 객관적으로 묘사하고, 이어서 그 판단이 자신에게 어떤 감정을 불러일으키는지 인식한 뒤, 마지막으로 그 판단이 없다면 삶이 어떤 모습일지를 상상해 보는 것이다.

첫 번째 단계는 자신이 내린 판단을 부정적이거나 비난하는 표현 없이, 객관적인 언어로 묘사하는 것이다. 예를 들어, 담배를 끊지 못하는 자신을 반복해서 자책하는 사람이 있다면 이렇게 적어볼 수 있다. "나는 지난 2년 동안 담배를 피워왔고, 아직 금연에 성공하지 못했다는 이유로 스스로를 모욕적으로 표현하곤 한다. 이 습관이 건강에 해롭다는 사실은 잘 알고 있다." 이처럼 상황을 사실에 기반하여 있는 그대로 묘사하면, 현재의 모습을 더 명확히 인식할 수 있고 자신이 얼마나 부정적인 판단을 내려왔는지도 점차 알아차릴 수 있다.

두 번째 단계는 자신이 내린 판단이 어떤 감정을 불러일으키는지를 인식하는 것이다. 부정적인 판단은 종종 부정적인 감정을 만들어내고, 이는 다시 부정적인 행동으로 이어지는 악순환을 만들기 쉽다. 앞선 예시처럼 담배를 끊지 못하는 자신을 판단한 뒤에는 자기혐오나 우울감에 빠질 수 있고, 이러한 감정이 흡연을 오히려 더 부추기며 자기 자신에 대한 부정적인 믿음을 더욱 강화할 수 있다. 이 과정을 이해한다면, 판단이 자신에게 미치는 해로운 영향을 알아차리고 그것을 극복하기 위한 첫걸음을 내디딜 수 있다.

세 번째 단계는 그 판단이 없었다면 삶이 어떻게 달라졌을지를 상상해 보는 것이다. 이 단계에서는 만약 그 판단을 하지 않았다면 상황이 어떻게 달라졌을지를 생각해 보는 과정을 거친다. 앞선 예시를 다시 떠올려보자. 만약 그 사람이 흡연 습관에 대해 자신을 비난하지 않았다면 훨씬 더 마음이 편안했을 수 있고, 금연을 위한 새로운 시도를 해볼 의욕도 더 커졌을 수 있다. 이처럼 다른 현실을 상상해 보는 연습은 새로운 가능성과 해결의 실마리를 발견하는 데 도움이 된다.

다음 예시를 더 살펴보자.

• 부정적인 판단

"나는 항상 정리가 안 되어 있고 지저분해. 내 주변을 절대 깨끗하고 깔끔하게 유지할 수 없을 거야."

• 1단계: 판단을 묘사하기

"나는 스스로를 정리정돈이 안 되고 지저분한 사람이라고 자주 판단한다. 그러다 보면 자신에게 부정적인 낙인을 찍게 되고, 내 주변을 깔끔하게 유지하는 일은 애초에 나와는 거리가 먼 일처럼 느껴진다."

• 2단계: 그 판단이 불러오는 감정

"이런 판단을 할 때마다 마음이 무겁고 답답해진다. 내가 별로 유능하지 못하고, 원하는 걸 이뤄낼 능력이 없다는 느낌도 든다. 이런 부정적인 자기 대화는 오히려 나를 더 기운 빠지게 만들고, 실제로 뭔가 행동에 나설 의욕도 떨어뜨린다."

• 3단계: 이 판단이 없다면 삶은 어떤 모습일까

"만약 이 판단과 부정적인 자기 대화를 내려놓을 수 있다면, 나는 지금보다 훨씬 마음이 편안해지고 변화에 대한 의욕도 생길 것이다. 처음부터 완벽하게 깨끗하고 정돈된 상태를 목표로 하기보다, 작은 변화부터 하나씩 시도해 볼 수 있다. 정리정돈에 조금씩 진전이 생기고 그걸 스스로 인정하고 기쁘게 받아들일 수 있다면, 목표를 이룰 수 있다는 긍정적인 감정과 자신감도 느끼게 될 것이다."

이처럼 반복적인 판단을 다루는 연습을 통해 사람들은 무심코 하고 있는 부정적인 자기 대화를 더 잘 인식하고, 더 긍정적이고 너그러운 사고방식을 기를 수 있다. 판단을 객관적으로 묘사하고, 그것이 어떤 감정을 불러일으키는지 인식한 뒤, 그 판단이 없을 때의 다른 삶을 상상해 보는 이 세 가지 과정을 통해, 우리는 부정적인 신념과 행동을 점차 바꾸고 더 깊은 자기 수용과 자신감을 키울 수 있다.

다음은 이를 보여주는 예시다. 앨리스는 평생토록 똑같은 판단에 시달려 왔다. 그건 "나는 결코 가수가 될 만큼의 용기나 배짱은 없어."라는 마음속 깊이 박힌 불안감에서 비롯된 것이었고, 마치 보이지 않는 그림자처럼 늘 그녀를 따라다녔다. 앨리스가 새로운 도전을 하거나 익숙한 틀 밖으로 한 걸음 나아가려고 할 때마다 그 판단은 어김없이 고개를 들고 그녀의 마음속에 부정적인 말을 속삭이기 시작했다. "넌 별로야. 넌 네가 원하는 걸 해낼 능력이 없어."

이런 반복적인 판단은 앨리스의 마음과 정신을 무겁게 짓눌렀다. 그녀는 그저 두려움이나 자기 의심 없이 삶을 살아가고 싶을 뿐인데, 왜 그런 생각들이 끊임없이 떠오르는지 알 수 없어 좌절하고 낙담하곤 했다.

그러던 어느 날, 부정적인 생각의 악순환에서 벗어날 방법을 고민하던 앨리스는 문득 걸음을 멈추고 자신에게 물었다. "만약 이런 판단들이 없다면 어떨까? 만약 정말로 이 판단들을 내려놓고, 그 어떤 판단도 걱정하지 않은 채 무언가를 시도해 본다면?" 그 생각이 떠오르는 순간, 마음이 한결 가벼워졌다. 오랫동안 자신을 짓눌러 온 족쇄에서 마침내 벗어날 수 있을지도 모른다는 희망이 피어올랐다.

그 자리에서 앨리스는 결심했다. 앞으로는 부정적인 생각이 떠오를 때마다 그 목소리에 휘둘리는 대신, 깊게 숨을 들이쉬고 자신 앞에 펼쳐질 긍정적인 가능성에 집중하기로 말이다. 그녀는 판단의 그림자가 드리워지지 않은 삶을 상상해 보았다. 용기와 가능성, 그리고 기쁨으로 가득한 삶을.

새롭게 얻은 해방감은 앨리스에게 큰 힘이 됐다. 더 이상 부정적인 판단이 자신이 누구인지를 정의하거나 그녀가 이룰 수 있는 일의 한계를 정하지도 않았다. 오히려 그 판단들은 그녀가 자신감을 회복해 가는 여정 속에서 자연스레 마주하게 되는 한 부분이 되었을 뿐이다. 반복적인 판단을 마주하고, 그것이 자신에게 어떤 감정을 불러일으키는지를 인식하며, 그런 판단이 사라진 또 다른 삶의 가능성을 상상하는 경험을 통해 앨리스는 스스로의 판단을 더욱 분명히 자각하게 됐다. 또한 그 판단들이 자신의 감정과 행동에 어떤 영향을 미치는지도 깊이 이해하게 됐다. 그리고 이 모든 과정은 그녀가 더 긍정적이고 너그러운 사고방식을 기르는 데 든든한 토대가 되어주었다.

자기 거리두기

흔히 '자기 거리두기'라고 불리는 심리적 거리두기는 강렬한 감정이나 갈등의 원인으로부터 한 발짝 물러나 자신과 상황 사이에 심리적 공간을 확보하는 능력을 말한다. 이 연습에는 감정이나 충동에 즉각적으로 휘둘리기보다 객관적인 시각에서 상황을 바라보고 자신의 행동 방식을 되돌아보는 것이 포함된다. 심리적 거리두기는 감정을 조절하고 과거를 내려놓는 데 도움이 되며, 더 나은 의사결정을 내리거나 스트레스로 인한 정신 건강의 악영향을 줄이는 데에도 효과적인 기술이다.

이러한 심리적 거리두기의 중요한 이점 중 하나는 개인이 상황을 보다 명확하게 바라볼 수 있게 해준다는 점이다(König 외, 2017). 자신과 갈등의 원인 사이에 심리적 공간을 두면, 객관적인 시각에서 상황을 성찰할 수 있고, 갈등을 유발한

다양한 요인들에 대해 더 깊고 넓은 이해를 얻게 된다. 이처럼 이해의 폭이 확장되면 문제 해결과 협상, 갈등 조정에도 긍정적인 영향을 줄 수 있다.

또한 심리적 거리두기는 문제 해결뿐 아니라 창의성을 높이는 데에도 도움이 된다. 한 연구(Förster 외, 2004)에 따르면, 어떤 문제를 장기적이고 추상적인 시각에서 바라본 사람들은 단기적이고 구체적인 시각에서 접근한 사람들보다 더 창의적인 해결책을 제시할 가능성이 높았다. 연구진은 문제를 당장의 상황이나 구체적인 현실에서 한 걸음 떨어져 바라보는 것이 사고를 더 추상적이고 유연하게 만들며, 결과적으로 창의성을 높인다고 설명한다.

구체적인 문제에서 한 발 물러나 더 추상적인 시각으로 접근하면, 기존의 좁은 관점에서는 보이지 않던 새롭고 혁신적인 해결책을 발견할 수 있다. 이는 특히 문제에 갇혀있거나 압도당한 상황에서 유용하다. 문제를 보다 신선한 시각에서 바라보고 새로운 아이디어를 떠올릴 수 있도록 도와주기 때문이다.

심리적 거리두기의 또 다른 이점은 감정 조절 능력을 향상시킨다는 점이다(Kross, 2017). 격렬한 감정과 자신 사이에 일정한 심리적 간격을 두면, 우리는 감정적 반응을 보다 효과적으로 조절하고 더 유연하게 대처할 수 있게 된다. 이는 특히 스트레스나 불안이 큰 상황에서 중요하며, 정신 건강에 미치는 부정적인 영향을 줄이는 데도 도움이 된다.

전반적으로 심리적 거리두기를 실천하는 능력은 효과적인 문제 해결을 돕고, 창의성을 높이며, 감정 조절 능력을 향상시키는 등 중요한 역할을 한다. 갈등이나 격렬한 감정의 원인으로부터 일정한 심리적 간격을 두면, 상황을 보다 명확하게 바라볼 수 있다. 나아가 고통스러운 생각을 내려놓으며 더 신중하고 효과적인 결정을 내릴 수 있다. 심리적 거리두기를 건전하고 적절하게 활용하면, 자기 자신과의 건강한 간격을 유지하고 부정적인 경험을 내려놓는 태도를 기르는 데에도 도움이 된다.

건강한 자기 거리두기란 자신의 생각, 감정, 행동을 관찰자처럼 바라보며 더 깊은 자기 인식과 통찰을 얻는 과정을 말한다. 자신과 경험 사이에 심리적 거리를 두면, 우리는 내면에서 일어나는 흐름을 보다 객관적이고 성찰적인 시각으로 바라볼 수 있다. 이러한 접근은 자기 인식을 높이는 데 도움이 되며, 고통을 유발하는 사고나 행동의 패턴을 파악하고, 나아가 자신의 가치관과 목표, 동기에 대해 더 깊이 통찰할 수 있게 해준다.

심리적 거리두기는 부정적인 경험을 내려놓는 능력을 기르는 데에도 도움이 된다(Kross, 2012). 갈등이나 강렬한 감정의 원인으로부터 일정한 심리적 간격을 두면, 그 상황을 더 성찰적인 시각에서 바라보고 앞으로 나아가기 위한 전략을 모색할 수 있다. 이 과정은 상황을 긍정적으로 재해석하고, 자신이 통제할 수 있는 요소에 집중하며, 복잡한 감정이나 경험에 대처할 수 있는 새로운 방법을 모색하는 시간을 의미한다. 이러한 방식으로 부정적인 경험을 내려놓으면 회복탄력성을 높이고 스트레스로 인한 정신적 부담을 줄일 수 있다. 또한 삶을 보다 긍정적인 시각으로 바라볼 수 있게 된다.

다음의 예시를 생각해 보자. 키아라는 요즘 모든 것이 버겁고 불안하다. 일에 대한 스트레스, 가족 간의 갈등, 재정적인 어려움까지, 최근 들어 여러 가지 일이 한꺼번에 몰려왔다. 너무 많은 일을 감당하다 보니 자신의 삶을 전체적으로 바라보는 일도, 앞으로 무엇을 어떻게 해야 할지 이성적으로 판단하는 일도 쉽지 않았다.

그때 키아라는 심리적 거리두기라는 개념을 접하게 된다. 이 접근법은 그녀가 자신의 상황에서 한 걸음 물러서 무엇을 해야 할지 더 명확하게 바라볼 수 있도록 도와준다. 여기서 심리적 거리두기의 핵심은 문제를 감정적으로가 아니라 객관적으로 바라보며 자신과 문제 사이에 정신적인 여유 공간을 만들어내는 데 있다는 점을 기억하자.

그래서 키아라는 심리적 거리두기를 시도해 보기로 마음먹는다. 그녀는 자신이 비행기를 타고 하늘 높이 올라 아래에 있는 문제들을 내려다보는 장면을 떠올린다. 삶이라는 더 넓은 그림 속에서, 그 문제들이 얼마나 작고 사소하게 느껴지는지를 가늠할 수 있을 만큼의 거리에서 말이다. 그렇게 아래를 내려다보는 순간, 모든 일이 예전처럼 심각하게 느껴지지 않는다. 앞으로도 많은 도전을 겪어야 하겠지만, 키아라는 이제 안다. 마치 하늘을 스쳐 지나가는 구름처럼, 모든 일들도 결국 지나가게 될 것이고 그 자리에 또 다른 일들이 찾아올 것이라는 것을.

심리적 거리두기를 통해 새로운 관점을 얻게 되자, 키아라는 삶의 혼란 속에서도 차분함을 유지할 수 있게 된다. 오랜만에 그녀는 맑은 정신으로 생각할 수 있었다. 이제는 자꾸 쌓여가는 문제들의 무게에 짓눌리지 않고, 하나씩 차근차근 해결해 나갈 방법을 떠올릴 수 있게 된 것이다.

자기 거리두기를 위한 기법들

자기 거리두기를 실천하는 효과적인 방법 중 하나는 잠시 멈춰 서서 상황으로부터 물리적으로나 시간적으로 실제적인 거리를 만들어내는 것이다. 이를테면, 15분 정도 짧은 휴식을 취하거나 그 공간을 아예 벗어나 혼자만의 시간을 갖는 방식이 이에 해당한다. 이렇게 당장의 상황에서 한 걸음 물러나 즉각적이고 강렬한 감정의 흐름을 끊어내면, 그 일을 재구성하여 더 폭넓게 바라볼 수 있는 시각이 생긴다. 예컨대 감정이 격해져 말다툼이 일어났을 때, 잠시 숨을 돌리고 거리를 두는 것만으로도 자신의 생각과 감정, 그리고 행동을 더 객관적이고 깊이 있게 들여다볼 수 있다. 이 과정은 자기 인식과 통찰력은 물론 공감 능력을 키우는 데에도 도움이 되며, 건설적이고 유연한 방식으로 갈등을 해결할 수 있는 길을 열어준다.

잠시 멈춰 서서 스스로에게 생각하고 정리할 수 있는 여유를 주자. 서두르지 말고, 다음 행동으로 급히 뛰어들기 전에 잠깐 멈춰 마음을 가라앉히는 시간을 가져보자. 마음속으로 1부터 10까지 찬찬히 세거나 잠시 자리를 피하는 것도 좋고, 지금 당장 답하지 않고 조금 뒤에 돌아와 이야기해도 괜찮을지 상대방에게 정중히 물어보는 것도 좋다. 생각과 감정에 휘말려 있을 때에는 무언가를 빨리 결정해야 할 것 같은 조급함에 사로잡히기 쉽다. 하지만 그 충동을 잠시 참아내고 속도를 늦춰보자. 그러면 마음도 더 빨리 가라앉고, 상황을 훨씬 더 또렷하게 바라볼 수 있게 될 것이다.

자기 거리두기는 우리가 인지적 재평가 cognitive reappraisal 를 할 수 있도록 도와준다. 이는 어떤 상황을 긍정적이거나 중립적인 시선으로 다시 해석하는 과정으로, 특히 부정적인 감정이나 스트레스를 겪고 있을 때 효과적이다. 예를 들어, 누군가가 어려운 도전이나 좌절을 겪고 있다면 그 상황을 단순한 실패나 후퇴로 보기보다는 성장과 배움의 기회로 다시 바라보려 할 수 있다. 이러한 접근은 상황을 더 희망적이고 건설적인 방향으로 재구성하게 해주며, 회복탄력성을 높이고 정서적인 안정과 행복을 느끼는 데에도 도움이 된다.

대니라는 사람이 한 프로젝트를 두고 상사와 격렬한 말다툼을 벌이고 있다고 해보자. 말다툼이 점점 치열해지면서, 대니와 상사 모두 감정이 격해진다. 이럴 때 대니는 잠시 자리를 비우고 물리적인 거리를 두는 방식으로 자기 거리두기를 실천하면서 지금 상황을 더 넓은 시야에서 바라볼 수 있다. 그는 대화를 잠시 멈추고 양해를 구한 뒤, 자리를 벗어나거나 밖으로 나가 짧은 산책을 하는 식으로 휴식을 취할 수 있을 것이다.

휴식 시간 동안 대니는 자신의 생각과 감정, 그리고 그에 따른 행동을 한 걸음 떨어진 자리에서 객관적이고 성찰적인 태도로 되돌아볼 수 있다. 그 과정에서 자신이 어떤 감정적 요인에 특히 민감하게 반응했는지를 떠올려보고, 상사는 어떤 감정을 바탕으로 그런 반응을 보였는지 가늠해볼 수 있다. 이처럼 상황을 곱씹어 보는 가운데, 그는 지금의 갈등을 다른 관점에서 해석하거나 보다 긍정적이고 건설적인 시각으로 바라보려는 마음을 가질 수 있다.

자기 거리두기를 실천하는 한 가지 방법은 3인칭 시점을 사용하는 것이다. 예를 들어, '나' 대신 자신의 이름이나 '그/그녀/그들'과 같은 표현을 사용하는 것이다. 예컨대 대니의 경우라면, "나는 불안하다."라고 말하는 대신에 "대니는 불안함을 느끼고 있다."라고 말하는 것이다. 이처럼 간단한 언어의 전환만으로도 자신과 감정 사이에 심리적 거리를 만들어낼 수 있고, 그 감정을 더 객관적으로 바라볼 수 있게 된다. 감정이 '격해지는' 순간에 기억해 두면 좋은 문장이 하나 있다. "나는 내 생각 그 자체가 아니다." 지금 겪고 있는 경험이 곧 나를 정의하는 것은 아니라는 사실을 인식할수록, 그 상황에 굴복하기 보다 오히려 그 위에 설 수 있는 힘을 갖게 된다.

대니가 잠시 휴식을 취하고 물리적인 거리를 둘 수 있다면, 감정적인 반응을 보다 잘 조절하고, 더 유연하고 효과적인 방식으로 상황에 대처할 수 있을 것이다. 또한 자기 인식과 통찰의 깊이를 더하며, 갈등을 건설적이고 건강한 방향으로 풀어갈 실마리도 찾게 될 것이다.

✦ 아이젠하워 매트릭스

자기 거리두기를 실천하기 위한 첫 번째 기법인 아이젠하워 매트릭스는 시야를 넓히고, 해야 할 일의 우선순위를 정하는 데 유용한 도구다. 이 기법은 '긴급함'과 '덜 긴급함'이라는 두 개의 열, 그리고 '중요함'과 '덜 중요함'이라는 두 개의 행으로 이루어진 2×2 매트릭스를 만드는 것으로 시작된다. 각 과제는 그 긴급성과 중요도에 따라 네 개의 칸 중 하나에 배치된다. '긴급하고 중요한' 사분면에는 마감이 임박한 업무처럼 즉각적인 주의가 필요한 중요한 일들이 해당되며, 이런 과제들은 가장 우선적으로 처리해야 한다.

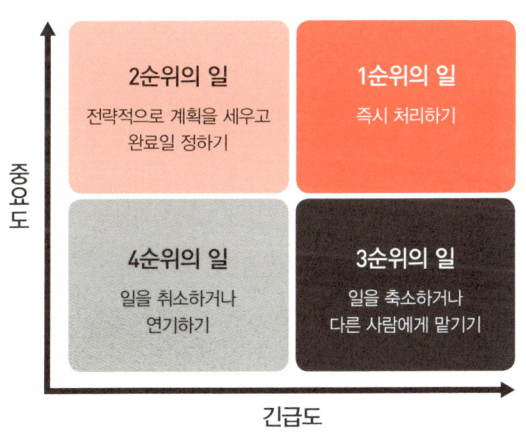

아이젠하워 매트릭스

'덜 긴급하지만 중요한' 사분면에는 긴급하진 않지만 장기적인 프로젝트나 자기 계발 목표처럼 개인의 성장과 발전에 중요한 과제들이 속한다. 이러한 일들은 당장 처리할 필요는 없지만 시간을 두고 계획하며 꾸준히 실행해 나가는 것이 바람직하다. '긴급하지만 덜 중요한' 사분면에는 중요도는 낮지만 빨리 처리해야 하는 일들이 해당된다. 예를 들어, 굳이 참여하지 않아도 되는 회의나 중요하지 않은 이메일과 같은 과제들은, 더 중요한 일에 집중하기 위해 다른 사람에게 맡기거나 뒤로 미루는 것이 현명할 수 있다.

마지막으로 '덜 긴급하고 덜 중요한' 사분면에는 무심코 소셜 미디어를 둘러보는 일이나 기타 불필요하게 시간을 소비하는 활동들이 포함된다. 이런 일들은 가능하면 줄이거나 없애고, 더 중요한 일에 에너지를 집중하는 것이 좋다.

예를 들어보자. 사업을 운영하는 아서라는 사람이 있다. 요즘 그는 과중한 업무에 압도되어 심한 부담을 느끼고 있다. 이에 아서는 자신이 맡고 있는 일들을 더 큰 시야에서 바라보고 우선순위를 정리하기 위해 아이젠하워 매트릭스를 활용해 보기로 한다. 그는 각 업무를 매트릭스의 사분면에 하나씩 배치해 보고 나서야, 자신이 '긴급하지만 덜 중요한' 일들, 이를 테면 중요하지 않은 이메일에 답장을 보내는 데 너무 많은 시간을 쓰고 있었다는 사실을 깨닫는다. 그는 이 중에서 일부를 비서에게 위임하고, 다가오는 마감 기한을 맞추는 일처럼 '긴급하고 중요한' 일에 더 많은 시간을 할애하기로 마음먹는다. 또한 '덜 긴급하지만 중요한' 일들, 즉 장기적인 프로젝트나 자기 계발과 같은 과제들도 우선순위에 두기로 결심한다. 아서는 아이젠하워 매트릭스를 활용한 덕분에, 자신의 업무를 보다 분명하게 조망할 수 있었고, 우선순위를 효과적으로 정리하면서 그동안 느껴왔던 압박감과 스트레스도 한결 가벼워졌다.

✦ 자신을 멀리서 바라보기

자기 거리두기의 두 번째 기법은 자신을 멀리서 바라보기로, 자신의 시점을 1인칭에서 3인칭으로 전환하는 방식이다. 즉, 먼 거리에서 자기 자신을 관찰하고 있다고 상상함으로써, 감정적으로 격해진 상황에서 즉각적이고 감정적으로 반응하지 않을 수 있다.

이 기법은 마치 다른 사람의 행동을 관찰하듯 자신의 행동을 다시 들여다볼 수 있게 해준다. 그 과정을 통해 상황과 자신을 좀 더 객관적인 시선으로 바라볼 수 있고, 더 신중하고 효과적인 선택을 하는 데에도 도움이 된다.

사라라는 여성이 지금 남자 친구와 격한 말다툼을 벌이고 있다고 상상해 보자. 그 순간, 그녀는 분노와 방어적인 감정에 휩싸여 있고, 그 감정들은 그녀의 판단을 흐리게 만든다. 이럴 때 자신을 멀리서 바라보는 기법을 적용하기 위해, 사라는 지금 이 말다툼을 제삼자의 시선으로 바라보는 상상을 해본다. 마치 다른 두 사람이 다투고 있는 장면을 멀리서 지켜보는 것처럼 말이다.

자기 거리두기를 실천하려면, 사라는 먼저 깊게 숨을 들이쉬고, 의식적으로 자신의 생각과 감정에서 한 걸음 물러나야 한다. 그리고 마음속으로 이 상황을 한발 떨어져 지켜보는 객관적인 관찰자의 위치에 자기 자신을 놓아본다. 상황에 직접 개입하지 않은 채, 두 사람이 말다툼을 벌이는 장면을 조용히 지켜보는 것은 어떤 기분일지 상상해 보는 것이다.

사라는 앞서 대니의 사례처럼, 3인칭 시점을 반영한 언어를 사용해 볼 수도 있다. 예를 들어 "나 지금 너무 화났어."라고 말하는 대신, "사라는 화가 나 있다."라고 표현하는 것이다. 이처럼 언어를 조금만 바꿔도 자신과 감정 사이에 심리적인 거리를 만들 수 있고, 상황을 보다 객관적으로 바라볼 수 있게 된다.

이러한 시점에서 바라보면, 사라는 자신의 파트너 또한 상처받고 속상해하고 있다는 사실을 알아차릴 수 있다. 그리고 이 갈등에는 두 사람 모두 책임이 있다는 사실을 알게 된다. 그녀는 즉각적인 감정적 반응을 잠시 멈추고, 지금 상황을 좀 더 차분하고 객관적인 시선으로 바라볼 수 있게 된다. 이를 통해 자신의 말과 행동을 신중하게 돌아보고, 갈등을 누그러뜨리고 해결을 향해 나아갈 수 있는 의도적이고 효과적인 선택을 할 수 있게 된다.

이처럼 자신을 멀리서 바라보는 기법을 통해 사라는 감정적으로 격해진 상황 속에서도 자신의 행동과 상황을 더 객관적인 시선으로 바라보며 더 나은 선택을 할 수 있는 힘을 얻게 된다.

✦ 미래의 내가 현재의 나를 바라보는 기법

마지막으로 소개할 '미래의 내가 현재의 나를 바라보는 기법'은 감정적으로 격해진 상황에 처했을 때나 미래에 영향을 줄 중요한 결정을 내려야 할 때 등 다양한 상황에서 효과적으로 활용할 수 있는 자기 거리두기 도구다. 이 기법은 '미래의 나'가 현재의 행동을 되돌아보는 장면을 상상하는 것으로 시작된다.

먼저 미래의 어느 시점에 서 있는 자신을 떠올리고, 그 자리에서 지금 자신의 행동을 돌아보는 장면을 떠올린다. 그리고 그 미래의 관점에서 현재의 행동이 어떻게 보일지를 자문해 본다. 만약 현재의 행동이 미래의 목표나 가치와 어긋난다고 느껴진다면, 그 깨달음을 바탕으로 행동을 바꾸려는 동기를 얻을 수 있다. 다음은 이를 보여주는 예시이다.

대부분의 사람들은 수많은 관중 앞에서 경기를 치른다는 것 자체를 쉽게 상상하기 어려울 것이다. 더군다나 올림픽 무대라면 더더욱 그렇다. 그런데 혹시 그 무대에 오르는 선수들이 경기를 앞두고 어떤 생각을 하는지 생각해 본 적이 있는가? 아무리 오랜 훈련을 거쳤다 해도, 경기장에 들어서기 직전이면 긴장과 불안이 밀려오기 마련이다. 때로는 최악의 상황을 떠올리는 일이 오히려 자연스럽게 느껴질 수도 있다. 그러나 뛰어난 선수들은 그런 상상이 경기력에 해가 된다는 사실을 잘 알고 있다. 실제로 넘어지거나 결정적인 순간에 실수하는 장면을 머릿속에 그리면, 그런 일이 경기 중에 일어날 가능성도 높아진다고 한다.

이때 유용한 방법이 바로 미래의 나의 관점으로 자신을 바라보는 기법이다. 특히 압박 속에서 최고의 기량을 발휘해야 하는 운동선수들에게 이 기법은 더욱 효과적이다. 선수들은 미래의 자신이 지금의 행동을 되돌아보는 관점에서 상상함으로써, 눈앞의 구체적인 경쟁 상황에만 몰두하지 않고 더 넓은 시야에서 상황과 그 결과를 바라볼 수 있게 된다. 그들은 스스로에게 이런 질문을 던질 수 있다. 미래의 내가 지금의 이 행동을 돌아본다면 어떻게 느낄 것인가, 지금의 행동은 나의 미래 목표나 가치에 부합하는가. 이러한 질문을 통해 얻는 통찰력은 행동 변화를 유도하고, 긍정적인 마음가짐을 형성하는 데 도움을 준다. 또한 실패가 아닌 성공의 장면을 머릿속에 그려봄으로써, 집중력과 자신감을 끌어올릴 수 있도록 해준다. 이처럼 미래의 나의 시선에서 자신을 바라보는 기법은 선수들이 정신적인 준비를 강화하고, 실제 경기에서 성공할 가능성을 높이는 데 크게 기여한다. 그러니 다음번에 올림픽 선수를 보게 된다면, 그들의 정신력 또한 신체 능력만큼이나 중요하다는 사실을 명심하자.

또 다른 예로, 앤드루의 불필요한 소비 습관에 대해 살펴보자. 그는 몰디브로 떠나는 휴가 같은 장기적인 목표를 위해 지출을 줄이고 싶어 하지만, 새 옷이나 비디오 게임 같은 것에 충동적으로 돈을 쓰는 일이 잦다. 미래의 내가 현재의 자신을 바라보는 기법을 적용해 본다면, 앤드루는 휴가를 즐기고 있는 자신의 미래 모습을 떠올려볼 수 있다. 그 미래 시점에서 과거의 소비 습관을 되돌아본다. 그랬더니 지금의 지출이 휴가라는 목표와 어긋난다는 사실을 깨닫게 된다. 이러한 통찰은 충동적인 소비를 자제하는 데 도움을 주고, 장기적인 목표를 더 우선시하도록 이끌어준다.

이처럼 앤드루는 미래의 시점에서 자신을 바라보는 연습을 통해 스스로와 적절한 거리를 두고, 자신의 행동을 더 넓은 관점에서 성찰할 수 있었다. 그 결과 순간의 충동에 휘둘리기

보다는 자신의 가치와 장기적인 목표에 부합하는, 보다 신중하고 의식적인 선택을 내릴 수 있게 됐다.

(SUMMARY)

▎내려놓기는 심리학에서 특정 대상이나 사람에 대한 집착을 내려놓는 과정을 설명할 때 자주 사용되는 개념이다. 이는 개인의 잠재력을 가로막는 부정적인 생각이나 감정, 행동을 놓아주는 것을 의미한다.

▎통제의 이분법은 스토아 철학의 핵심 개념으로 통제할 수 있는 것과 통제할 수 없는 것을 명확히 구분하는 것이 얼마나 중요한지를 강조한다.

▎스토아 철학이 말하는 통제의 이분법에서 특히 중요한 요소 중 하나는 지금 이 순간에 온전히 집중하는 힘을 기르는 것이다. 이는 과거에 대한 걱정이나 후회, 또는 미래에 대한 불안이나 기대에 주의를 빼앗기지 않고, 온전히 현재 경험에 몰입할 수 있도록 마음을 단련하는 과정을 포함한다.

▎비판단적 사고는 자신의 생각에 어떤 정의나 관점을 덧붙이지 않고, 있는 그대로 인식하고 바라보는 사고방식을 말한다. 이는 자신의 경험을 객관적이고 편견 없이 바라볼 수 있도록 힘을 실어주기 때문에 내려놓기를 실천하는 데 핵심적인 역할을 한다.

> 심리적 거리두기는 자기 거리두기라고도 불리며, 강렬한 감정이나 갈등의 원인으로부터 자신을 한 걸음 떨어뜨려 바라볼 수 있는 능력을 말한다. 이로 인해 상황에 대한 더 공정하고 균형 잡힌 시각을 가질 수 있으며, 감정이나 충동에 즉각적으로 반응하지 않고 자신의 선택을 차분히 숙고할 수 있게 된다.

제2장

부정적인 생각을 끊어내는 법

인간은 흔히 자신의 결점과 실수에 대해 끊임없이 자신을 몰아세우며, 자신에게 가장 가혹한 비평가가 되곤 한다. 이 장에서는 이러한 부정적인 생각의 굴레를 끊어내는 강력한 개념에 대해 살펴본다. 이 과정을 통해 우리는 내면의 비판자 inner critic를 내려놓고, 그로부터 비롯된 부정적인 감정에서 벗어나는 법을 배울 수 있다. 완벽주의에서 벗어나 '탁월주의 excellentism'로 사고방식을 전환하는 것은 삶에서 큰 차이를 만들어낼 수 있다. 또한 집착을 버리고, 자신이 소비하는 미디어를 선별적으로 관리하는 것 역시 부정적인 사고 패턴에서 벗어나기 위해 사용할 수 있는 두 가지 도구들이다. 지금부터 그 방법들을 하나씩 살펴보자.

내면의 비판자를 잠재우기

　머릿속에서 끊임없이 비판과 부정적인 생각을 쏟아내는 목소리는, 꽤 많은 사람들에게 상당히 익숙한 것이다. 작지만 거슬리는 이 내면의 목소리는 실수를 질책하거나, 왜 이것조차 제대로 해내지 못하느냐며 스스로를 몰아붙이는 등 다양한 형태로 나타난다. 그 방식이 어떻든 간에, 이런 목소리는 지속적인 좌절감과 불안을 불러일으키는 원인이 될 수 있다. 물론 누구나 각자의 방식으로 이런 자기 대화를 경험하지만, 이러한 내면의 목소리가 존재한다는 사실 자체는 매우 정상적이고 보편적인 인간의 경험이라는 점을 이해하는 것이 중요하다. 이 내면의 비판자를 더 잘 이해하고 다루는 법을 배운다면, 우리는 더 깊은 자기 연민을 기를 수 있고, 부정적인 생각을 곱씹는 것에서 벗어나 보다 건강한 마음가짐으로 세상을 마주할 수 있다.

심리학에서는 이러한 내면의 비판자를 하나의 보편적인 심리 현상으로 본다. 이는 대부분의 사람들 안에 존재하며, 스스로의 결점이나 부족함을 끊임없이 판단하고 수치심을 불러일으키며 비난하는 목소리다. 특히 우리가 마음이 약해진 순간, 이 목소리는 더욱 크게 울려 퍼지고, 개인의 성장과 발전을 가로막는 주요한 장애물로 작용하기도 한다.

우리는 종종 비판이나 죄책감을 주는 말이 사람의 행동에 동기를 부여한다고 믿도록 학습되어 왔다. 그러나 부정적인 강화가 긍정적인 변화로 이어진다는 생각은 전문가들 사이에서도 논란의 여지가 있다. 누군가가 비판을 받을 때, 그 결과는 종종 수치심, 두려움, 분노와 같은 감정이 커지는 것으로 이어질 수 있다(Baumeister, 1995). 비록 이런 방식이 개인에게 어느 정도 통제력을 주는 듯 보일 수는 있지만, 이러한 유형의 피드백은 자기 의심과 자기 비난이라는 악순환으로 이어지기 쉽다. 특히 사람들이 자신에게 비판적인 생각을 되풀이할 때, 그것은 '내면의 비판자'를 더욱 견고하게 만들고 스스로 변화할 수 없다는 느낌에 갇히게 만들 수 있다. 따라서 가혹한 비판이 미치는 해로운 영향을 인식하고, 대신 긍정적인 성장과 발전을 이끄는 건설적인 피드백을 위해 노력하는 것이 중요하다.

아무리 노력해도 누구에게나 마음속에는 "넌 충분하지 않아."라고 속삭이는 작은 목소리가 있다. 바로 내면의 비판자다. 그 목소리는 우리가 별로 똑똑하지 못하다거나, 재능이 부족하다거나, 날씬하지 않다거나 혹은 충분히 성공하지 못했다는 등 끊임없이 자신을 깎아내리며 따라다닌다. 우리는 이것을 머릿속에서 들려오는 '소리'라고 표현하지만, 실제로는 아주 깊이 뿌리내린 내면의 목소리는 너무나 자동화되어 있어서 더 이상 소리로조차 느껴지지 않을 수 있다. 그 대신, 마음속에는 그 말들이 전제로 삼고 있는 믿음만이 남게 된다. 그래서 마음속에서 "넌 충분하지 않아."라는 말이 선명하게 들리지는 않더라도, 어차피 잘 못 할 테니 새로운 것을 시도해도 소용없다고 자동적이고 무의식적으로 '믿게' 될 수 있다. 이처럼 열등감을 의심 없이 받아들이고 있다면, 그건 우리가 얼마나 오랫동안 같은 이야기를 자신에게 되풀이해 왔는지를 보여주는 증거다.

내면의 비판자는 가혹하고 무자비하며, 사람들이 자신의

목표를 이루고 최선의 삶을 살아가는 데 걸림돌이 될 수 있다. 타인과 자신을 비교하든 자기 자신을 마치 사기꾼처럼 느끼든, 내면의 비판자는 불안과 자기 의심의 지속적인 원인이 될 수 있다. 하지만 다행인 점은 내면의 비판자를 인식하고 맞서기 시작하면, 그 목소리를 잠재우고 더 자신감 있고 충만한 삶을 살아갈 수 있다는 것이다.

사람들은 뇌로부터 수치심이나 불안을 유발하는 신호를 받았을 때, 가장 먼저 그것을 피하려는 반응을 보인다. 이러한 회피는 당장의 불편함을 덜어주고 불안을 줄이는 단기적인 해결책처럼 보일 수 있다. 하지만 회피 행동은 긍정적인 변화나 진정한 동기 부여로 이어지지 않는다. 오히려 이는 미루기, 과식, TV 과다 시청, 반복적인 휴대폰 확인 등의 행동으로 나타나며, 심한 경우에는 불편한 사람이나 장소, 활동 자체를 의도적으로 피하는 모습으로까지 확장되기도 한다. 이 회피의 악순환을 끊기 위해 중요한 것은 이런 반응이 일종의 심리적인 대처 메커니즘이라는 사실을 알아차리는 것이다. 그리고 그 불편함을 피하지 않고, 오히려 의식적으로 마주할 필요가 있다. 그럴 때에야 비로소 우리는 스스로를 변화시킬 수 있는 진정한 동기를 만들어낼 수 있기 때문이다.

수치심은 사람을 외롭게 만들고, 타인과 단절된 느낌이 들게 하는 매우 힘든 감정일 수 있다. 더구나 "넌 충분하지 않아."같이 수치심을 주는 메시지를 타인에게서 받을 땐, 자신이 공동체의 일원이 될 자격조차 없다고 느낄 수 있다. 인간은 본래 타인과의 연결을 갈망하는 사회적 존재이지만, 수치심은 우리를 위축시키고 사람들과의 상호작용 자체를 피하고 싶게 만든다. 이러한 회피는 곧 자기 비난과 추가적인 회피 행동으로 이어지는 악순환을 만들며, 결국 스스로를 돌보고 위안과 동기를 얻을 기회마저 차단하게 된다. 이것이 바로 내면의 비판자가 우리를 몰아세울 때 벌어지는 일이다. 따라서 수치심과 자기 비난의 감정을 인식하고 다루는 법을 배우는 것은 정신적 안녕을 지키고 타인과 건강한 관계를 맺기 위해 꼭 필요한 능력이다.

내면의 비판자가 미치는 영향력을 다루는 한 가지 방법은 지혜, 강인함, 사랑이라는 세 가지 자질에 집중하는 것이다. 여기에는 내면의 비판자가 어디에서 비롯되었고 어떤 영향을 주는지 자각하는 것에서 시작해, 그 부정적인 영향에서 벗어나기 위한 의식적이고 적극적인 조치를 취하는 것이 포함된다. 여기서 말하는 지혜란, 내면의 비판자의 목소리와 자신의 진정한 자아의 목소리를 구별해내는 능력을 의미한다. 이를 위해서는 판단 없이 자신의 생각을 바라보는 마음챙김의 기술을 익히는 것이 필요하다. 마음챙김을 꾸준히 연습하면, 내면의 비판자가 등장하는 순간 그 존재를 인식하고 그 부정적인 메시지를 극복하는 법을 배울 수 있다.

다음으로 강인함이란 내면의 비판자와 맞설 수 있는 능력을 의미한다. 이를 위해서는 자신의 강점과 성취를 인식하고, 그 성과에 자부심을 느낄 줄 알아야 한다. 자신의 강점에 집중함으로써, 사람들은 내면의 비판자가 주는 부정적인 영향을 서서히 상쇄하고 자존감을 키우기 시작할 수 있다.

마지막으로 사랑은 자신의 결점이나 부족함을 마주하는 순간에도, 자신에게 친절하고 자애로운 태도를 유지하는 능력을 뜻한다. 이는 곧 자기 연민을 실천하는 것으로, 좋은 친구를 대하듯 자신에게 다정함과 보살핌, 그리고 이해심을 베푸는 것이다. 자기 연민이 깊어질수록 우리는 내면의 비판자가 쏟아내는 가혹한 목소리에 휘둘리지 않고, 있는 그대로의 자신을 받아들이는 법을 배워가게 된다.

무엇보다 중요한 것은 결점이나 개선이 필요한 부분을 지적하더라도 친절하고 강인하며 지혜롭고 사랑이 담긴 방식일 수 있다는 점이다. 예를 들어, 건강이나 외모에 만족하지 못하는 과체중의 친구가 있다고 상상해 보자. 실제로 과체중일 수는 있지만, 그 사실을 들춰내며 상처를 주거나, 그 친구가 사랑과 존중을 받을 자격이 없다고 말하는 일은 아마 상상조차 하지 않을 것이다. 오히려 우리는 그 친구를 여전히 아끼고 앞으로도 변함없을 것이며 언제나 곁에 있을 거라고, 그리고 그 친구가 자신의 꿈을 향해 나아갈 수 있는 힘을 지니고 있다고 믿는다고 전할 것이다. 다만, 친절하고 사랑스러운 태도가 곧 '해로운 긍정'에 빠지라는 뜻은 아니다. "넌 완벽해. 원하는 건 뭐든 가질 자격이 있어."라고 말하는 것과 "넌 장점과 단점을 모두 지닌 다채로운 존재야. 그럼에도 불구하고 존중과 친절을 받을 자격이 있어."라고 말하는 것 사이에는 분명한 차이가 있다. 후자가 훨씬 더 현실적이고, 진심 어린 위로와 조언이 된다.

이 접근 방식을 더 잘 이해하기 위해, 사회 불안으로 힘들어하는 사람을 떠올려보자. 내면의 비판자는 그에게 자신이 충분하지 않고, 사람들이 자신을 평가할 것이며, 그러니 사람들과 어울리는 상황은 아예 피해야 한다고 끊임없이 속삭일 수 있다. 하지만 지혜와 강인함, 그리고 사랑의 원칙을 적용한다면, 그는 그 목소리를 분별하고 그 안에 담긴 부정적인 메시지에 흔들리지 않고 맞서는 법을 배워갈 수 있다.

이를테면, "아무도 나를 좋아하지 않아." 하고 끊임없이 되뇌는 대신, 그렇지 않다는 믿음을 뒷받침할 수 있는 근거를 의식적으로 찾아볼 수 있다. "모든 사람과 완벽하게 잘 지낼 수는 없지만, 그렇다고 해서 내가 덜 가치 있는 존재는 아니야. 나를 좋아해 주는 사람들도 분명히 있고, 나는 그런 관계에 집중할 수 있어."라고 스스로에게 말해보는 것이다. 우리는 자신의 한계보다 강점에 주목할 수 있다. 타인과 소통하는 능력이나 유머 감각처럼 자신만의 장점을 인식하고 그것에 집중함으로써 자존감을 키워갈 수 있다. 또한 자기 연민의 태도를 기르면, 사회적 상황에서 불안하거나 불편함을 느끼는 순간에도 자신에게 친절하게 대할 수 있다. "나는 바보 같고 어리석은 말을 했어."라고 자책하는 대신, "조금 실수하긴

했지만, 그게 전부는 아니야. 내 소통 능력은 점점 나아지고 있고, 노력하는 내 모습이 자랑스러워."라고 생각을 부드럽게 전환할 수 있다.

요약하자면, 내면의 비판자는 개인의 성장과 발전을 가로막는 큰 걸림돌이 될 수 있다. 하지만 지혜와 강인함, 사랑의 원칙에 집중함으로써 우리는 그 비판의 목소리를 인식하고, 그 안에 담긴 부정적인 메시지에 흔들리지 않을 수 있다. 그 과정에서 자신과 긍정적이고 따뜻한 관계를 맺는 법을 배워갈 수 있다.

내면의 비판자를 잠재우는 단계

✦ 내면의 비판자를 인식하기

내면의 비판자를 알아내고 내려놓기 위한 첫 번째 단계는 인식이다. 내면의 비판자가 우리 삶에 미치는 영향력을 극복하기 위해 가장 먼저 해야 할 일 중 하나는 그 존재를 알아차리고 그것이 우리의 생각과 감정에 어떤 영향을 미치는지 자각하는 것이다. 하지만 많은 사람들은 내면의 비판자가 자신 안에 있다는 사실조차 인식하지 못하거나, 그 부정적인 영향력을 깨닫지 못한 채 살아간다. 따라서 자기 인식 능력을 높이고, 내면의 비판자가 목소리를 내기 시작할 때 그것을 알아차릴 수 있는 능력을 기르는 것이 무엇보다 중요하다.

하지만 여기서 중요한 점이 하나 있다. 내면의 비판자를 인식하는 것이 곧 그것을 역으로 비판하라는 뜻은 아니라는 것이다. 당연하게 들릴 수 있지만, 비판적인 내면의 목소리를 이겨내기 위해 역으로 그 목소리를 비판하는 방식은 도움이 되지 않는다. 중요한 것은 그저 알아차리는 것이다. 판단하거나 스스로를 탓하지 말고, 있는 그대로 인식하려는 태도를 가져야 한다.

다음 단계는 내면의 비판자가 작동하게 된 상황을 파악하는 것이다. 그 상황은 어떤 특정한 사건일 수도 있고, 누군가와의 상호작용, 혹은 문득 떠오른 생각이나 기억일 수도 있다. 내면의 비판자는 종종 위협적이거나 불안하게 느껴지는 상황에서 촉발된다는 점을 기억하는 것이 중요하다. 일단 상황을 파악하고 나면, 이제 그 안에서 자신이 느낀 진짜 감정을 천천히 들여다볼 수 있다.

바로 이 지점에서 내면의 비판자는 큰 도움이 될 수 있다. "내가 두려워하는 건 무엇일까? 그 일이 실제로 일어난다면 나에게 어떤 의미일까? 그리고 그 의미는 또 무엇을 뜻할까?"와 같은 질문을 스스로에게 던지면, 그 상황을 더 깊이 파고들어 자신의 가장 취약한 감정을 하나씩 들춰볼 수 있다. 대개 내면의 비판자는 두려움, 수치심, 거부감처럼 취약한 감정을 느끼지 않도록 우리를 보호하려는 의도로 작동한다.

하지만 중요한 것은 이런 감정들 역시 우리가 충분히 감당할 수 있는 것이며, 인간이라면 누구나 겪는 자연스러운 경험이라는 사실을 인식하는 것이다. 스스로에게 그 감정들을 충분히 느낄 수 있는 공간을 허락할 때, 내면의 비판자가 만들어낸 방어 기제를 내려놓고 자기 자신과 더 긍정적이고 친밀한 관계를 맺어갈 수 있다.

요컨대, 내면의 비판자의 존재와 영향을 인식하는 것이 그 부정적인 영향력에서 벗어나기 위한 첫걸음이다. 우리에게는 내면의 비판자를 불러오는 상황을 파악하고, 그에 대한 자신의 진짜 감정을 들여다보는 과정이 필요하다. 이를 통해 내면의 비판자가 휘두르는 방어 기제를 내려놓고, 자기 자신에게 더 너그러우며 연민 어린 관계를 관계를 발전시켜 나갈 수 있을 것이다.

한 가지 예시를 살펴보자. 이안은 농구에 대한 열정이 늘 가득한 고등학생이다. 그런데 최근 몇 경기에서 좋지 않은 성적을 내며, 중요한 슛을 여러 번 놓쳤다. 그가 한 경기에서 유난히 부진했던 이후, 내면의 비판자가 내는 목소리가 들리기 시작했다. "넌 실력이 부족해. 앞으로도 결코 나아지지 않을 거야. 넌 팀과 코치를 실망시키고 있어."

이안은 무엇이 두려운 걸까? 그는 실패할지도 모른다는 불안, 팀과 코치를 실망시킬지도 모른다는 걱정을 안고 있다. 또한 대학 농구선수가 되겠다는 자신의 꿈을 이루기엔 실력이 부족할지도 모른다는 두려움도 안고 있다. 그렇다면 이 상황에서 수치심에서 비롯된 방어 반응이 아니라, 이안이 진짜로 느끼고 있는 감정은 무엇일까? 그가 마주하고 있는 취약한 지점은 어디일까? (우리도 자신 안의 취약함을 알아차리고, 그 감정을 있는 그대로 느껴보자.)

이안은 이렇게 말한다. "실망스럽고, 답답하고, 감당이 안 되는 기분이에요. 농구는 제게 늘 중요한 존재였는데, 만약 제가 그걸 잘하지 못한다면 어떻게 해야 할지 모르겠어요. 제 기대에 부응해야 한다는 압박감도 있고, 다른 사람들의 기대 역시 부담으로 느껴져요."

그렇다면 이안에게 진정으로 필요한 것은 무엇일까? 그는 말한다. "농구를 좋아하는 이유를 기억하고, 단순히 이기는 데만 집중하기보다 제 실력을 키우는 데 집중해야 해요. 실수를 해도 괜찮다고, 그걸 통해 배워도 된다고 스스로에게 너그러울 필요도 있어요. 그리고 무엇보다, 제 기대에 미치지 못할 때조차 스스로에게 친절하고 연민 어린 태도를 잃지 않는 게 가장 중요해요."

우리는 스스로에게 이런 질문을 던져볼 필요가 있다. "너는 어떤 말로 자신을 비판하고 있는가? 너는 어떤 자기 비난을 되뇌고 있는지 알고 있는가?" 이처럼 부정적인 생각을 2인칭 시점으로 인식해 보면, 그 생각이 과연 타당한지 돌아볼 수 있고, 나아가 자신과 더 긍정적이고 자애로운 관계를 맺는 계기가 될 수 있다.

예를 들어, 흔히 하는 자기 비난으로는 "넌 충분하지 않아." 혹은 "넌 사랑받을 자격이 없어." 같은 말이 있다. 이런 생각은 인간관계뿐 아니라 직장 생활이나 개인적인 목표에 이르기까지 삶의 여러 영역에 깊은 영향을 미치므로 특히 해롭다. 또 다른 자기 비난으로는 "난 항상 일을 망쳐버려."라는 말이 있다. 이런 생각은 절망감을 불러일으키고, 실패와 좌절이 반복된다는 느낌에 갇히게 만든다.

그 밖에도 어떤 이는 다음과 같은 말을 되뇌기도 한다. "나는 정말 겁쟁이야. 나는 경멸스럽고 쓸모없어. 조심하지 않으면 상처 받게 될 거야. 더 열심히 해야 해." 이처럼 1인칭 시점으로 자신을 몰아붙이는 말은 특히 해로울 수 있다. 단지 행동을 비판하는 데 그치지 않고, 자신의 성격과 존재 가치까지 부정하기 때문이다. 이제 다음의 예시를 생각해 보자.

재닌은 평소 자기 자신에게 부정적인 말을 자주 하며, 스스로의 부족함을 끊임없이 비판하는 경향이 있다. 직장에서 실수를 했을 때, 그녀는 종종 이렇게 말한다. "나는 정말 바보야. 또 실수하다니 믿을 수가 없어. 나는 이 일에서 결코 성공하지 못할 거야."

재닌이 2인칭 시점을 활용한다면, 스스로에게 퍼붓던 자기 비난을 따뜻하고 힘이 되는 말로 바꿀 수 있다. 예를 들어

"나는 정말 바보야."라고 말하는 대신, "너는 실수했지만, 누구나 실수는 해. 완벽하지 않아도 괜찮아."라고 말할 수 있다. 이런 방식은 가혹하고 비판적인 태도에서 벗어나, 자신에게 좀 더 친절하고 공감하는 말투로 다가가게 해준다. 이렇게 자기 대화를 꾸준히 연습하면 자기 연민을 키우고 감정적인 안정감도 함께 높아질 수 있다. 나아가 스스로에 대한 부정적인 판단에 얽매이지 않게 되면서, 삶의 어려움이나 좌절도 이전보다 훨씬 더 유연하게 마주할 수 있게 될 것이다.

✦ 자신의 감정과 연결되기

두 번째 단계는 자신의 감정과 연결되는 것이다. 두려움은 어떤 상황에서든 촉발될 수 있는 자연스러운 감정이다. 벌레, 높은 곳, 혹은 사람들 앞에서 말하는 일처럼 누구나 마음을 얼어붙게 만드는 대상이 있기 마련이다. 하지만 우리는 그 두려움 너머에 무엇이 있는지를 좀처럼 들여다보지 않는다. 두려움이나 불안을 느낄 때, 그 이면에는 슬픔이나 답답함, 때로는 분노 같은 진짜 감정들이 함께 자리하고 있는 경우가 많다. 이런 감정들은 수치심을 자극하는 것들과는 구분되어야 하며, 그것들을 충분히 느끼고 받아들일 수 있는 여지를 스스로에게 허락하는 것이 중요하다. 그 감정들을 알아차리고 진심으로 연결될 수 있다면, 우리는 두려움의 뿌리를 더 깊이 이해할 수 있게 되며 그것을 이겨내고 내려놓을 수 있는 길로 나아갈 수 있다.

많은 사람들은 자기 자신을 비난하는 경향이 있다. "넌 정말 겁쟁이야." 혹은 "넌 아무 쓸모도 없어."처럼 상처 주는 말을 스스로에게 던지곤 한다. 하지만 그런 말을 들었을 때, 어떤 기분이 드는가? 잠시 멈춰서, 그 감정에 진심으로 귀 기울여보자. "너는 지금 무엇이 두려운가? 수치심에서 비롯된 감정이 아니라, 네 안에 진짜로 자리한 감정은 무엇인가?"

우리 안의 부정적인 핵심 신념과 두려움은 본질적으로 우리를 보호하면서도 동시에 제약하는 성질을 지닌다. 이들은 우리가 오래전 삶에 적응하기 위해, 그 당시로서는 최선을 다해 채택한 것으로, 이미 굳어지고 습관화된 사고방식이다. 만약 이런 부정적인 핵심 신념이 우리를 보호하고 견디게 해주기 위한 것이라면, 우리는 자신이 무엇으로부터 스스로를 지키려 하는지 알고 싶지 않을지도 모른다. 애초에 대응 기제란 바로 그런 불편한 감정을 피하기 위한 것이기 때문이다. 그 결과 우리는 우리가 늘 피하고 도망치는 대상이 무엇인지 제대로 인식하지 못한 채, 좀처럼 들여다보려 하지 않는 깊은 사각지대를 품고 살아가게 된다. 아이러니하게도, 그 사각지대야말로 우리가 가장 관심을 가져야 할 지점이다.

아울러 자기 비난에 뒤따르는 감정은 하나가 아닐 수 있으며, 그에 반응하는 상반된 감정들 역시 함께 존재한다는 사실을 인식하는 것도 중요하다. 그렇다면 "넌 아무 쓸모도 없어."라고 속삭이는 그 목소리에 우리는 어떻게 응답할 것인가? 이제는 부정적인 자기 대화의 패턴을 재구성하고, 더 긍정적이고 희망적인 생각에 마음을 기울일 때다.

자기 비난을 듣다 보면 수치심, 죄책감, 분노 같은 부정적인 감정이 올라올 수 있다. 그 감정들에 진심으로 귀 기울일 때, 우리는 부정적인 자기 대화를 불러오는 내면의 근원을 조금씩 들여다볼 수 있다.

우리는 감정적으로 연약한 모습을 드러내는 것이 두렵거나 자신이나 타인의 기대에 미치지 못할까 봐 불안해할 수 있다. 이럴 때 느끼는 감정 중에는 수치심을 유발하는 요소 외에도, 답답함이나 실망감, 벅차다는 느낌처럼 더 본질적인 감정이 숨어 있을 수 있다. 목표를 향해 나아가지 못하고 있다는 무력감이나 자신의 잠재력을 온전히 펼치지 못하고 있다는 아쉬움을 느낄 수도 있다.

한편, 이와는 상반되는 자기 연민, 자기 수용, 자기애 같은 감정들도 있다. 이런 감정들은 긍정적인 확언에 집중하고, 자신의 강점과 성취를 기반으로 자존감을 키우는 과정 속에서 길러질 수 있다. 이런 긍정적인 감정이 자리 잡기 시작하면, 우리는 목표를 향해 한 걸음 더 나아가려는 의욕과 영감을 느낄 수 있다. 자신의 능력에 대한 신뢰가 생기고, 위험을 감수하며 새로운 시도에 마음을 열 수 있게 된다.

내면의 목소리가 "나는 쓸모없는 사람이야."라고 말할 때, 우리는 그 생각에 의문을 던지고, 더 긍정적이고 확언적인 메시지로 바꿔볼 수 있다. "나는 쓸모없는 사람이 아니야. 내가 가진 많은 강점과 내가 이뤄낸 성취들은 나를 가치 있는 사람으로 만들어줘." 이런 식으로 말이다. 이와 같은 긍정적인 자기 대화와 확언을 꾸준히 연습하다 보면, 우리의 내면의 목소리도 점차 긍정적이고 따뜻하며 자애로운 방향으로 변화하기 시작한다.

✦ 내면의 비판자에게 공감해 주기

세 번째 단계는 내면의 비판자가 느끼는 두려움과 통제할 수 없는 감정에 공감해 주는 것이다. 내면의 비판자가 우리를 비난하거나 부정적인 생각의 소용돌이로 몰아넣기 시작할 때, 우리는 그 감정에 휩쓸려 쉽게 길을 잃곤 한다. 그러나 내면의 비판자는 종종 과거의 상처나 거절로부터 자신을 지키기 위해 그런 방식으로 반응한다는 사실을 기억할 필요가 있다. 내면의 비판자에게 공감해 줄 때, 우리는 그 존재의 두려움과 혼란을 인정하면서도 우리를 지배하도록 내버려두지 않을 수 있다. "네가 어디서 그런 감정이 나오는지 이해해." 또는 "나를 지키기 위해 그러는 거라는 걸 알아." 같은 말을 건넴으로써, 우리는 그 부정적인 생각과 자신을 분리하고, 자기 연민으로 시선을 돌릴 수 있다. 이러한 태도는 연습과 인내를 필요로 하지만, 내면의 비판자에게 공감하는 것은 해로운 사고의 고리를 끊고 보다 긍정적이고 자신감 있는 마음으로 나아가는 데 큰 도움이 된다.

내면의 비판자가 쏟아내는 부정적인 자기 대화에 반응을 표현하는 것은, 그 목소리가 생각과 감정을 지배하지 못하도록 적극적으로 끊어내는 첫걸음이다. 비난하는 목소리가 도움이 되지 않는다는 사실을 인식하고, 그만하라고 요청하는 순간부터 우리는 자신의 내면 대화를 스스로 이끌어가기 시작한다.

이 과정에서 중요한 것은 어떤 일이 일어나더라도 우리는 괜찮을 것이며 충분히 대처해 낼 수 있다는 사실을 스스로에게 상기시키는 일이다. 이는 내면의 비판자가 심어주는 두려움과 불안에 맞서 싸우는 데 큰 힘이 된다. "두려워할 필요 없어."라는 말만으로도 우리는 다시금 용기를 내고, 앞으로 나아갈 힘을 얻을 수 있다. 불안하거나 벅찬 감정이 밀려올 때는 이렇게 말해보자. "지금 이렇게 느끼는 건 당연해. 이 감정들은 분명히 의미 있고 소중한 거야."

✦ 자신의 반응 표현하기

네 번째 단계는 자신의 반응을 표현하는 것이다. 이 마지막 단계에서 중요한 것은, 자신의 진정한 욕구를 인식하고 돌보는 것이다. 여기서 특히 주목해야 할 욕구는 타인과의 연결감이다. 이 욕구를 스스로 의식할 때, 타인과 의미 있는 관계를 맺고 진정한 연결을 만들어가는 데 더 집중할 수 있다. 이는 고립감을 덜어주고, 누군가에게 지지받고 있다는 느낌을 회복하게 해준다. 그 결과, 내면의 비판자가 만들어내는 부정적인 자기 대화의 영향력도 약화시킬 수 있다. 다음은 내면의 비판자를 내려놓는 모든 단계를 보여주는 예시이다.

제시는 내면의 비판자로부터 비롯된 불안과 부정적인 자기 대화로 오랫동안 힘들어하고 있다. 그녀는 자주 감당할 수 없는 기분을 느끼며 긴장한다. 그럴 때면 내면의 비판자가 "넌 충분하지 않아. 곧 실패하게 될 거야. 그러니 모험은 피해야 해."라고 속삭인다.

먼저 제시는 자신의 부정적인 자기 대화를 자각하고, 그것이 내면의 비판자로부터 비롯된 것임을 인식한다. 그녀는 자신의 생각과 감정에 주의를 기울이기 시작하며, 비판적인 목소리가 끼어드는 순간을 더욱 민감하게 포착하게 된다. 또한 사회생활이나 업무 관련 작업처럼 내면의 비판자가 특히 활발해지는 상황이나 요인들도 함께 기록해 둔다.

그다음으로 제시는 잠시 멈추어, 그런 상황에서 자신이 진짜로 느끼는 감정이 무엇인지 깊이 들여다본다. 그녀는 실패에 대한 두려움이 내면의 비판자를 부추기는 가장 큰 요인이라는 것을 알아차린다. 동시에, 지금 자신에게 정말 필요한 것은 끊임없이 자신을 의심하고 능력을 불신하는 게 아니라, 자신감과 지지받고 있다는 느낌이라는 것도 깨닫는다.

이러한 자각을 마음에 새긴 제시는 내면의 비판자에게 3인칭으로 말을 건네기 시작한다. 그녀는 그 비판자가 가진 두려움과 불안에 공감하며 이렇게 말한다. "지금 네가 두렵고 확신이 없는 건 알아. 하지만 괜찮아. 나는 어떤 일이 닥쳐도 잘 해낼 수 있어."

그런 다음 제시는 내면의 비판자가 쏟아내는 부정적인 자기 대화에 대해 자신의 반응을 분명히 표현한다. "지금 너의 비판적인 목소리는 나에게 도움이 되지 않아. 오히려 나를 위축시키고, 다른 사람들과의 관계를 방해하고 있어. 그러니까 이제 그런 식으로 말하는 건 멈춰줘."

마지막으로 제시는 자신에게 정말 필요한 것이 무엇인지 스스로에게 솔직하게 표현하며 되새긴다. "지금 내가 진정으로 바라는 건, 다른 사람들에게 지지받고 있으며 그들과 연결되어 있다고 느끼는 거야. 나는 실패하거나 실수하는 걸 두려워하지 않아도 돼. 지금 이 모습 그대로도, 나는 사랑받고 받아들여질 자격이 있어."

제시는 이런 식으로 내면의 비판자와 대화를 나누며, 그 목소리가 자신의 생각과 감정을 지배하지 못하도록 단호한 첫걸음을 내딛는다. 자신의 진짜 욕구를 인정하고, 내면의 비판자가 심어주는 두려움과 불안에 맞서기 노력하는 것이다. 시간이 지나고 연습이 거듭되면서 제시는 점차 더 긍정적이고 힘을 주는 내면의 목소리를 가꿀 수 있을 것이다. 이는 그녀가 자신을 자신감 있고 유능하게 느끼도록 도와주고, 타인과 연결되어 있다는 소속감을 경험하게 해줄 것이다.

완벽주의에서 탁월주의로

우리는 종종 완벽주의 성향 때문에 특정 과제나 아이디어에 지나치게 골몰하곤 한다. 이는 누구에게나 익숙한 경험일 것이다. 완벽주의는 다양한 방식으로 우리를 가로막는데, 여기에 대한 건강한 대안이 있다. 바로 탁월주의다. 오타와 대학교 심리학 교수 패트릭 고드로 Patrick Gaudreau 가 제안한 이 용어는 자신에게 높은 기준을 세우되, 그 기준이 지나치게 비현실적이거나 자신의 행복을 해치지 않도록 조절하는 태도를 말한다. 목표에 미치지 못했다고 해서 자신을 몰아세우기보다는, 열린 자세로 새로운 경험을 받아들이고, 창의적으로 문제를 해결하며, 실수로부터 배워가면서 탁월함을 향해 계속해서 나아가는 것이다. 완벽주의를 내려놓는다는 것은 결코 평범함에 안주하겠다는 뜻이 아니다. 오히려 중요한 것은 완벽이 아니라 발전이라는 사실을 인정하는 데 있다.

완벽을 추구하는 것은 양날의 검과 같다. 최고의 결과를 지향하는 자세는 때로 우리를 더 열심히 일하고 노력하게 만드는 강력한 동기가 되지만, 동시에 비현실적인 기준을 스스로에게 들이대며 깊은 좌절을 불러올 수 있다. 누구도 완벽할 수는 없으며, 매 순간 흠잡을 데 없는 결과를 기대하는 것은 지속 불가능할 뿐 아니라 정신 건강과 자존감에도 해롭다. 완벽주의자들은 매우 까다롭고 비현실적인 핵심 신념을 가진 경우가 많다. 예를 들어 "완벽하지 않으면 나는 아무것도 아니야." 또는 "이기지 못하면 영원한 패배자야." 같은 생각이다. 이는 말 그대로 스스로를 파괴하는 공식에 가깝다.

그 결과, 어쩔 수 없이 자신의 기대에 미치지 못했을 때, 뒤따르는 자기 비난과 가혹한 판단이 마음을 무겁게 짓누르고, 좌절에서 회복하고 다시 일어서는 것을 어렵게 만든다. 완벽주의는 사람을 더 나아지게 만들지 않는다. 오히려 더 쉽게 부서지고 상처받게 만들 뿐이다. 발전은 언제나 직선적으로 이루어지는 것이 아니다. 중요한 것은 작지만 의미 있는 성취를 기념하고, 실수로부터 배우는 과정이 성장과 자기 발전에 필수적이라는 사실을 기억하는 것이다. 완벽주의자들은 흔히 극단적인 '모 아니면 도' 식 사고방식에 시달린다. 이들은 완벽을 추구하다가 오히려 성공에서 멀어진다.

사람들은 흔히 완벽주의와 모든 일에서 성공하려는 열정으로 칭찬받는다. 어릴 때부터 우리는 학업, 운동, 심지어 외모에 이르기까지 최고를 추구하라는 격려를 받으며 자란다. 하지만 이러한 완벽을 향한 추구는 자칫하면 파국으로 치달을 수 있다. 비현실적인 기대와 끊임없이 자신을 넘어서야 한다는 압박으로 이어지기 쉽기 때문이다. 언제나 최고의 기준을 유지해야 한다는 부담은 때때로 감당하기 벅차고, 우리는 더 많은 것을 이루기 위해 끝없이 달리는 쳇바퀴 속에 쉽게 갇히게 된다. 그 결과, 많은 사람들이 완벽주의의 함정에 빠지기 쉬운 상태가 된다. 그러나 완벽이라는 것은 애초에 도달할 수 있는 목표가 아니며, 성공에 반드시 필요한 조건도 아니라는 사실을 기억하는 것이 중요하다. 아무리 그것이 가능해 보이고, 꼭 이루어야 할 것처럼 느껴지더라도, 완벽은 결국 환상에 불과하다. 우리가 집중해야 할 것은, 그저 최선을 다하고 성취의 크기와 상관없이 그 과정을 기념하는 일이다. 이는 흑백 논리와는 반대되는 길이다. 삶은 언제나 흑과 백 사이, 그 미묘한 회색 지대에서 조금씩, 때로는 흔들리며 나아가는 여정이기 때문이다.

완벽주의는 오랫동안 긍정적인 성향으로 높이 평가되어 왔지만, 여러 연구는 오히려 그것이 해로울 수 있음을 보여준다. 흠결 없이 완벽해야 한다는 압박은 불안과 우울 같은 정신 건강 문제는 물론, 낮은 자존감으로도 이어질 수 있다(Stoeber, 2014). 완벽주의자들은 실패를 감당하기 어려워하는 경우가 많다. 마음속에서 실패의 대가가 지나치게 크게 느껴지기 때문이다. 이로 인해 미루기나 회피 행동이 나타나고, 결국에는 성취 자체를 방해하게 된다. 실제로 어떤 완벽주의자들은 실패에 대한 두려움이 너무 커 도전 자체를 포기하기도 한다. 이처럼 완벽주의는 많은 사람들이 생각하듯 성공으로 가는 길이 아닐 수 있다.

반면, 탁월주의는 완벽주의가 불러오는 해로운 영향 없이도 자신에게 높은 기준을 설정할 수 있는, 보다 균형 잡힌 접근 방식이다. 완벽이 아닌 탁월함에 초점을 맞출 때, 우리는 예상대로 일이 풀리지 않더라도 긍정적인 시각을 유지하며 목표를 이룰 수 있다. 실수를 받아들이고 그로부터 배우는 태도는 개인의 성장과 발전을 위한 강력한 도구가 될 수 있다. 무엇보다 중요한 것은 탁월함은 목적지가 아니라 여정이라는 점이다. 완벽이 아닌 발전, 그 자체가 훨씬 더 의미 있다는 사실을 잊지 말아야 한다.

시험에서 좋은 성적을 받고 싶어하는 학생이 있다고 해보자. 완벽주의적인 성향을 가진 학생이라면, 모든 시험에서 A+를 받아야 한다는 비현실적인 기대를 스스로에게 걸 수 있다. 그리고 그 기대를 충족하지 못했을 때, 쉽게 좌절하거나 자신을 실패자라고 느낄지도 모른다.

반면, 탁월주의적인 성향을 가진 학생은 높은 기준을 세우면서도 매번 완벽한 점수를 받는 것이 현실적으로 어렵다는 점을 인정한다. 그 대신 자신이 할 수 있는 최선을 다하고, 실수로부터 배우며, 다음 시험에서는 더 나아지기 위해 노력하는 데 집중한다.

첫 시험에서 B를 받았다고 하자. 탁월주의자는 그것 때문에 스스로를 자책하기보다는, 실수에서 배울 수 있는 기회로 삼을 것이다. 무엇이 잘못됐는지 분석하고, 어떤 부분을 더 보완해야 할지 점검한 뒤, 다음번에 더 잘할 수 있는 계획을 세운다. 또한 B라는 성적 역시 실패가 아니라 탁월함을 향한 하나의 성과이자 의미 있는 진전이라고 받아들일 것이다.

결국 탁월주의는 완벽한 결과에 집착하기보다, 탁월함을 향한 여정에 집중하는 태도이다. 자신에게 현실적인 기대를 세우고, 꾸준히 더 나아지기를 추구하며, 실수를 성장의 기회로 받아들이는 것이 바로 그 핵심이다.

사실 탁월주의자는 정신적으로도 더 건강한 모습을 보인다. 예상 밖으로, 이들은 건강한 수준의 불안감과 성실함, 내면에서 우러나는 동기를 지닌 경우가 많다. 이들은 삶의 목표를 향해 더 꾸준히 나아갈 뿐 아니라 보다 높은 수준의 긍정적인 행복감도 경험한다. 더 흥미로운 점은 이들이 번아웃이나 미루기, 우울감처럼 완벽주의자에게 흔히 나타나는 부작용에 시달리지 않는다는 사실이다. 그렇다면 탁월함을 향한 삶은 결국 충분히 지향할 만한 길인지도 모른다(Stoeber & Otto, 2006).

탁월주의는 사람들이 쏟아부을 수 있는 노력에는 한계가 있어서 일정 수준을 넘으면 효율이 떨어지기 시작한다는 점을 인정한다. 열심히 일하는 것이 중요하긴 하지만 그것만으로는 충분하지 않으며, 양뿐만 아니라 질도 그만큼 중요하다는 점을 강조한다. 요컨대, 탁월주의는 건강한 경계와 한계를 갖춘 일종의 '압박감 조절 밸브'를 갖춘 완벽주의라고 할 수 있다.

완벽주의는 종종 사람들을 점점 효율이 낮아지거나 심지어 생산성이 감소하는 길로 이끌기도 한다. 완벽한 결과에만 집착한 나머지 정작 중요한 것을 놓치게 되는 것이다. 그렇게 되면 생산성은 떨어지고, 창의성은 위축되며, 만족감마저 잃게 된다. 이 모든 일이 자신을 얼마나 갉아먹고 있는지도 모른 채로 말이다. 반면, 탁월주의는 최선을 다하는 데 집중하게 하면서도, 완벽이 비현실적인 목표라는 것을 받아들이게 한다. 탁월주의는 우리에게 이렇게 말해준다. 언젠가는 멈춰도 괜찮다고, 내려놓아도 괜찮다고, 그리고 때로는 포기해도 괜찮다고.

스스로에게 높은 기준을 세우되 탁월함을 추구할 때, 우리는 큰 성취를 이루는 동시에 그 여정 자체를 즐길 수 있다. 실수를 통해 배우고, 한 사람으로서 그리고 창의적인 존재로서 성장하며, 시련 앞에서도 더 빠른 회복탄력성을 가질 수 있다. 탁월주의는 새로운 경험에 마음을 열게 하고, 문제를 독창

적이고 창의적인 관점으로 바라보게 해 더 큰 성공과 만족으로 나아가게 한다.

이와 대조적으로, 완벽주의자는 완벽한 결과에만 매달린 나머지 전체의 흐름을 보지 못하게 된다. 실수에 대한 두려움과 스스로 설정한 과도한 기준에 도달하지 못할 것이라는 불안은 마음을 옥죄고 행동을 마비시킨다. 이는 종종 번아웃과 생산성 저하, 그리고 변화에 대한 적응력 저하로 이어진다.

전반적으로 탁월주의는 완벽주의보다 훨씬 더 건강하고 지속 가능한 성공의 방식이다. 높지만 실현 가능한 기준을 세우고, 새로운 시도와 접근에 마음을 열며, 완벽에 매몰되지 않고 충분한 노력을 기울이자. 그렇게 할 때 우리는 성과가 높아지는 구간에 집중할 수 있고, 효율적이고 창의적으로 목표에 도달할 수 있다.

완벽주의를 탁월주의로 바꾸는 방법

우선 스스로에게 몇 가지 질문을 던져보자. "너는 스스로 세운 기준에도 늘 미치지 못한다고 느끼는가? 내면의 비판자가 끊임없이 '넌 아직 부족해!'라고 말하는 소리가 들리는가?" 그렇다면 이제는 완벽주의에서 벗어나 탁월주의로 사고방식을 바꿔야 할 때다. 기억할 것은 탁월주의란 탁월함을 추구하되 비현실적인 기대가 내 노력을 망치거나 성과를 퇴색시키지 않게 하는 것을 의미한다는 사실이다. 중요한 건 완벽이 아니라 발전이다. 끊임없는 개선과 성장에 집중할 때, 우리는 내면의 비판자를 조용히 잠재우고 더 긍정적이고 보람 있는 삶의 방식을 받아들일 수 있다. 그러니 또다시 과도한 기대에 눌려 숨이 막힐 때는 한발 물러서서 사고방식을 전환하자. 그리고 탁월주의를 향한 여정을 다시 시작하자.

핵심은 작은 변화부터 시작하는 것이다. 자신이 특히 완벽주의적 경향을 보이는 삶의 한 영역을 골라 집중해 보자. 올랜도의 사례를 살펴보자. 그는 모임을 열 때마다 마치 마사 스튜어트처럼 완벽한 주최자여야 한다는 압박을 느낀다. 하지만 탁월주의자가 된다는 건 완벽해지는 것이 아니다. 그것은 탁월함을 향해 나아가려는 태도이며, 결과가 아니라 과정에 집중하는 것이다. 우리는 과정을 통제할 수 있지만, 결과는 언제나 우리의 손을 벗어날 수 있기 때문이다.

그래서 올랜도는 모든 세부 사항에 집착하기보다는 큰 그림을 그리며 진정으로 중요한 것, 즉 손님들이 편안함을 느낄 수 있는 따뜻한 분위기에 집중한다. 가장 중요한 부분은 자신이 세운 기준이 오히려 모임의 즐거움을 방해한다고 느껴질 때, 그 기준을 과감히 내려놓을 수 있어야 한다는 점이다. 완벽해야 한다는 집착을 내려놓을 때, 자신의 에너지를 모두가 잊지 못할 경험을 만드는 데 온전히 쏟을 수 있게 된다. 기억하자. 탁월주의자는 흠잡을 데 없는 완벽을 추구하는 사람이 아니라, 자신의 최선을 꾸준히 실천해 나가는 사람이다. 결국 중요한 건 언젠가 완벽해져서 이루고 싶은 이상적인 종착점이 아니라, 지금 이 순간 우리가 기울이는 노력 그 자체다.

모임 주최처럼 특정 활동에 대해 완벽주의적인 성향을 가진 사람은 그 일이 조금이라도 완벽하지 않으면 실패라고 느낄 수 있다. 이런 태도를 인식하고, 그것이 얼마나 소모적이고 비생산적일 수 있는지 인정하는 것이 중요하다. 완벽주의를 극복하기 위한 하나의 방편으로, 내가 생각하는 완벽함의 기준을 목록으로 적어보자. 이렇게 하면 자신이 어떤 부분에서 과도한 압박을 스스로에게 가하고 있는지 더 명확하게 파악할 수 있다. 예를 들어, 모임을 완벽하게 치르고 싶어 하는 사람이라면, 손님이 도착했을 때 집은 먼지 하나 없이 깨끗해야 한다든지, 모든 음식은 완벽한 타이밍에 준비되어 있어야 한다는 항목이 목록에 오를 수 있다.

목록을 완성했다면, 이제 그중에서 비록 완벽함이라는 기준에는 미치지 못하더라도 내려놓을 수 있는 항목 하나를 선택하는 것이 중요하다. 집 안이 완벽하게 정돈되지 않아도 괜찮다거나, 마트에서 사온 반찬을 그대로 내놓아도 괜찮다고 받아들이는 식이다. 이렇게 내려놓기를 실제로 실천해 보면, 그로 인해 어떤 일이 벌어지는지, 그리고 활동의 결과뿐 아니라 자신과 주변 사람들의 감정에 어떤 변화가 생기는지를 관찰할 수 있다.

기억하자. 불완전함은 종종 뜻밖의 즐거움을 가져다준다. 예를 들어 모임을 주최할 때 집이 완벽하게 깨끗해야 한다는 강박을 내려놓는 순간, 손님들이 오히려 더 편안하게 느끼고 분위기 역시 한층 더 여유롭고 즐거워질 수 있다. 이처럼 불완전함을 받아들이고 완벽이 아닌 발전에 집중하는 태도는 완벽주의적인 경향에서 벗어나 그 활동 자체를 더 온전히 즐길 수 있도록 해준다.

　또한 자기 연민을 실천하는 것도 완벽주의를 극복하는 데 중요한 열쇠다. 우리는 자신에게 친절하고 너그럽게 대해야 하며, 실수하거나 기대에 미치지 못해도 괜찮다는 것을 기억해야 한다. 그 과정에서 작은 성취들을 기꺼이 축하하고, 절대적인 완벽보다 점진적인 성장을 이루는 데 집중해 보자.

집착을 버리기

무집착nonattachment을 실천하는 일은 결코 쉽지 않지만, 그만큼 깊고 의미 있는 여정이 될 수 있다. 무집착이란 삶의 모든 것을 통제하거나 붙들고자 하는 마음, 그리고 소유하려는 욕망을 내려놓는 연습이다. 이는 세상에 대한 무관심이나 감정의 단절을 뜻하는 것이 아니라, 삶의 모든 것은 결국 일시적이며 끊임없이 변화한다는 사실을 받아들이는 데서 출발한다. 집착을 놓아줄 때 우리는 더 큰 자유를 느끼고, 고통은 한결 가벼워진다. 변화에 유연하게 적응할 수 있고, 내면의 평화도 찾을 수 있게 된다. 무집착은 단번에 도달하는 상태가 아니라, 지속적인 연습이 필요한 하나의 과정임을 기억하자. 우리는 이 여정을 통해 자신과 세상에 대한 더 깊고 넓은 이해에 도달하게 될 것이다.

무집착은 동양의 철학과 영성에 뿌리를 두고 있으며, 욕망, 감정, 그리고 물질적 소유로부터 마음을 자유롭게 하는 삶의 태도를 제안한다. 이는 욕망이나 감정을 부정하거나 거부하는 것이 아니라, 그 존재를 있는 그대로 인정하되 거기에 매달리지 않는 것을 의미한다. 무집착을 실천하는 과정은 우리 내면 깊은 곳에 자리한 갈망과 두려움, 기대를 조금씩 내려놓도록 이끈다. 그 모든 것이 고통과 불만족의 근원이 될 수 있기 때문이다. 외부 세계에 대한 집착을 줄이고, 그만큼 더 넓고 깊은 내면의 자유와 평화를 경험할 수 있게 되는 것이다.

앞서 언급했듯, 무집착은 삶의 다양한 영역에 적용될 수 있으며 그중에는 인간관계도 포함된다. 관계에서의 무집착이란 사랑이나 친밀함을 회피하는 것이 아니라, 상대에 대한 기대나 집착 없이 지금 이 순간에 충실히 머물며 마음을 열어두는 태도를 뜻한다. 이는 관계가 언젠가 달라질 수 있다는 사실을 받아들이고, 어떤 특정한 결말에 집착하지 않은 채 자연스럽게 흘러가도록 허용하는 것을 포함한다. 아이러니하게도, 지금 이 순간과 그 안에 있는 모든 것이 결국 덧없다는 사실을 진심으로 받아들일 때 우리는 오히려 그 순간에 더 깊이 몰입하고, 진심으로 즐기며 감사할 수 있다. 그리고 바로 그 태도가, 언젠가 상황이 변하거나 사라지더라도 담담하고 우아하게 그 흐름을 받아들이고 앞으로 나아갈 수 있는 힘이 되어 준다.

그렇다면 모든 집착은 나쁜 것일까? 그렇지는 않다.

건강하지 않은 집착이란 자신의 자아와 정체성을 관계나 소유물, 신념 등과 과도하게 연결시켜 생각하는 상태를 말한다. 문제는 본래 일시적인 것들을 마치 영원한 것처럼 믿고, 그에 따라 행동한다는 데 있다. 이는 완벽주의와도 닮아 있다. 현실과 끊임없이 충돌하고, 삶의 자연스럽고 필연적인 흐름에 저항하려는 방식이기 때문이다. 이러한 집착은 잃을 것에 대한 두려움이나 더 많이 가지려는 욕망을 불러일으키고, 결국 내면의 가치가 아닌 외부 환경에 따라 선택을 내리게 만든다. 또한 삶의 자연스러운 굴곡을 실제보다 훨씬 더 심각한 문제로 느끼게 만든다. 중요한 건 무관심하거나 감정의 단절이 아니다. 핵심은 아무것도 영원하지 않다는 사실을 깊이 받아들이고, 그에 따라 행동하는 것이다. 건강하지 않은 집착은 삶의 다양한 영역에서 서로 다른 모습으로 드러날 수 있다.

먼저 물질적 집착은 옷, 자동차, 전자 기기, 혹은 특정한 생활 방식처럼 자신이 소유한 것들로 자신을 정의하려는 태도를 말한다. 이러한 집착의 이면에는 우리가 소유한 것들과의 일종의 정신적 융합이 자리 잡고 있다. 예를 들어, "내가 값비싸고 고급스러운 물건들을 많이 가지고 있으니, 나 자신도 그만큼 가치 있는 사람이다."라는 식의 믿음이다. 물질에 집착하는 사람은 특정한 라이프스타일을 유지하기 위해 무리한 지출을 하거나, 정작 그 물건들을 제대로 누릴 여유도 없이 단지 그것들을 살 수 있는 능력을 유지하기 위해 과도하게 일에 몰두하는 경우가 많다. 그런 사람들은 겉모습이나 소유물, 직함 등에 지나치게 신경 쓰고, 쌓여가는 물건들에 짓눌리면서도 그 물건들을 내려놓는 데 어려움을 겪는다.

다음으로 개인적 집착은 타인의 기대에 부응하려 애쓰고, 과도한 책임을 떠맡으며, 거절하지 못하거나 갈등을 피하려는 행동으로 나타난다. 때로는 부정적인 관계를 끊지 못하거나, 타인의 요구에 자신을 희생하기도 한다. 이러한 집착을 지닌 사람들은 자신이나 타인에 대해 비현실적인 기대를 품고, 타인을 통해 자신을 정의하거나, 타인의 반응을 지나치게 개인적인 문제로 받아들이는 경향이 있다. 이들의 왜곡된 사고는 "모두가 나를 좋아하지 않으면, 나는 나쁜 사람이다."라는 식으로 드러나기도 한다.

신념에 대한 집착은 완벽주의 성향, 타인의 반대 의견에 대한 공격적인 반응, 자신의 신념이 도전받는 상황을 회피하거나 다른 관점을 받아들이지 않으려는 태도로 나타난다. 자신과 같은 생각을 가진 사람이나 환경 속에만 머무르면서 스스로를 제한하거나, 자신의 신념 바깥에서 벌어지는 일들에 대해 강한 분노와 통제 욕구를 느끼기도 한다. 또한 타인을 자신의 편으로 끌어들이려 하거나, 무력감을 불러일으키는 이야기에서 벗어나지 못하는 모습으로 드러나기도 한다. 이들은 흔히 "나 vs 그들, 즉 세상과 다른 모든 사람은 내 적이다."라는 이분법적 사고에 사로잡혀 있으며, 자신의 의견과 세계관, 인식에 과도하게 집착한다.

사람은 건강하지 않은 집착이 많을수록, 잃을 것도 많다고 느끼게 된다. 그 결과 두려움과 방어적인 태도가 생기고, 이는 내면의 핵심 가치나 신념보다는 외부 환경에 좌우되는 결정을 내리게 만든다.

무집착으로 가는 길은 자신을 외부 대상과 동일시하는

정체성을 내려놓고, 본래의 자아로 돌아가는 여정이다. 그것은 자기 자신을 발견하고 받아들이는 과정이며, 이를 위해서는 먼저 자신의 상태를 자각하고, 지금 이 순간에 집중하는 마음챙김이 필요하다. 그리고 나아가, 마음속에 자리한 욕망이나 두려움, 기대를 내려놓을 수 있는 능력이 필요하다. 무집착을 실천할 때, 우리는 고통에서 벗어나 자유와 내면의 평화를 되찾고 자기 자신은 물론 세상과도 더 깊이 연결되는 경험을 할 수 있다.

린다는 늘 소심한 아이였다. 위험을 감수하거나 새로운 것을 시도하는 데에 늘 두려움이 앞섰다. 때로는 너무 작고 평범하게 느껴질 때도 있었지만, 그녀는 자신이 만들어 놓은 삶에 만족하며 살아왔다. 하지만 마음 한편에는 늘 어떤 공허함이 있었다. 지금 가진 것 이상의 무언가가 세상 어딘가에 있을 거라는 막연한 느낌이 들었다. 그러던 어느 날, 린다는 과감한 결심을 내렸다. 낯선 곳으로 혼자 여행을 떠나보기로 한 것이다. 미지의 세계는 여전히 두려웠지만, 보이지 않는 무언가가 그녀의 모든 발걸음을 이끌고 있는 듯한 느낌이 들었고 이 결정을 밀고 나가야 한다는 강한 충동을 느꼈다.

새로운 도시에 도착했을 때, 그녀를 둘러싼 모든 것은 익숙한 것과는 너무도 달랐다. 북적이는 거리에는 영어가 아닌 언어들이 오가고, 이국적인 음식의 향이 그녀의 미각을 자극했다. 모든 것이 낯설고 벅차게 느껴졌지만, 동시에 가슴 뛰도록 설레는 경험이었다.

린다에게 있어 낯설면서도 매혹적인 공간을 거닐며 그 문화와 아름다움을 받아들이는 시간은 내면 깊숙이 감춰져 있던 자아의 조각들을 하나씩 발견해 가는 여정이었다. 두려움과 자기 의심, 익숙한 환경에 머무르려는 습관 속에 가려져 있었지만, 이 조각들은 본디 그녀를 이루고 있는 것이었다. 이 조각들은 스스로 탐색하지 않으면 깨어날 수 없는 것이었고, 린다가 혼자 낯선 땅을 여행하며 익숙함 너머의 도전에 마주치자 비로소 용기와 창의성 같은 자질들이 모습을 드러내기 시작했다.

결국 린다는 이 여정을 통해 자신을 억눌러 왔던 두려움과 집착에서 벗어나 새롭게 발견한 자질들을 있는 그대로 받아들였고, 그 과정에서 내면의 힘과 진정한 기쁨을 느낄 수 있었다. 그리고 두려움을 완전히 내려놓았을 때, 린다는 자신이

처음 이 여정을 시작했을 때보다 훨씬 더 크고 깊은 존재로 성장할 수 있다는 사실을 깨달았다.

린다의 여정은 영적 지도자 스리 친모이Sri Chinmoy의 다음 명언에 담긴 깨달음을 보여주는 이야기다.

> 두려움에 사로잡혀
> 지금 가진 것에 매달린다면,
> 우리가 진정 누구인지를
> 결코 발견할 수 없다.

무집착의 개념은 흔히 세상과 단절하라는 의미로 오해되지만, 그 본질은 세상이 나를 규정한다는 생각에서 벗어나는 것이다. 우리는 외부가 아닌 스스로의 기준으로 자신의 세계를 정의해야 하며, 그러기 위해서는 먼저 자신을 깊이 이해하는 과정이 필요하다. 무집착은 명상이나 요가 같은 수행을 통해 실천할 수 있지만, 간단하게 일상 속에서 외부의 영향이 어떻게 나의 정체성을 형성하는지 살펴보는 것으로도 시작할 수 있다. 그렇게 외부로부터 주어진 기준이나 틀을 하나씩 내려놓을 때, 내면의 장벽은 서서히 사라지고 본래의 자아가 빛을 발하고 성장하기 시작한다. 우리는 무집착을 연습해 나가면서 진정한 자기 자신을 만나고 그 모습을 온전히 받아들일 수 있게 된다.

무집착은 많은 영적 전통에서 공통적으로 강조되는 주제로, 사물에 대한 집착이 고통으로 이어질 수 있다는 내용을 담고 있다. 불교에서는 사성제^{四聖諦} 중 하나로 집착을 내려놓는 것의 중요성을 가르치며, 요가의 근본 윤리 중 하나인 아파리그라하^{Aparigraha} 역시 탐욕을 비우고 무집착을 실천할 것을 강조한다. 심지어 기독교의 누가복음에서도 물질적 소유에 집착하지 말라는 가르침을 찾아볼 수 있다. 사람들은 흔히 소중한 것을 놓는 일이 본능에 어긋난다고 여기지만, 어쩌면 진정한 자유는 바로 그 무게에서 자신을 해방시키는 순간 찾아오는지도 모른다.

이렇게 심리적 유연성을 강조하는 심리 치료 접근법으로 수용 전념 치료^{ACT} [2]가 있다. 수용 전념 치료에서 집착은 핵

---

[2] 고통을 회피하지 않고 수용하며 삶의 가치에 전념하는 것을 목표로 하는 심리 치료.

심 개념으로 자신의 생각, 감정, 신념을 관찰하는 능력과 밀접하게 연결돼 있다. 이 능력은 마음의 규칙이나 오래된 사고의 틀, 혹은 그래야만 한다는 당위에서 벗어나 현재에 유연하게 반응할 수 있게 해준다.

수용 전념 치료는 자아를 바라보는 관점을 명확히 구분하기 위해 '내용으로서의 자아'와 '맥락으로서의 자아'라는 개념을 제시한다. 내용으로서의 자아에 집착하게 되면, 우리는 자신의 마음이 들려주는 자신에 대한 이야기를 진실로 믿고 더 큰 그림을 보지 못할 수 있다. 예컨대 누군가는 자신이 수학은 잘하지만 글쓰기는 못한다고 믿거나, 자신은 좋은 엄마라는 믿음을 가질 수 있다. 그러나 자아에 대한 집착은 상황이 예상대로 흘러가지 않거나 변화가 찾아올 때 문제를 일으킬 수 있다. 자기 만족에 머무르면 자신을 성장시켜 줄 중요한 피드백에 주의를 기울이지 못하게 되기 때문이다.

반면, 맥락으로서의 자아는 자신을 바라보는 방식에 있어 보다 유연하고 다양한 가능성을 열어준다. 즉, 자아에 집착하기보다는 인간은 끊임없이 변화하는 존재임을 인정하는 관점이다. 어떤 시기에는 수학을 잘하고 글쓰기를 못할 수 있지만, 또 어떤 시기에는 그 반대일 수도 있다. 어떤 상황에서는 좋은 엄마일 수 있지만, 다른 상황에서는 그렇지 않을 수도 있다. 맥락으로서의 자아는 자신을 하나의 고정된 정체성으로 보기보다는 열린 마음으로 다양한 관점에서 바라보고 자신의 자아가 고정된 것이 아님을 이해하도록 돕는다. 이러한 관점은 물질적 소유나 사회적 역할, 시간의 제약을 넘어 더 깊은 내면의 자아를 발견할 수 있게 해준다. 나아가 세상과의 연결을 가능하게 하고, 자신만의 고유함을 있는 그대로 받아들이는 힘을 가능하게 한다.

맥락으로서의 자아를 통해 집착 버리기

정상이라는 기준은 과대평가된 개념이다. 우리는 매일같이 사회적 기준에 노출되며, 어떻게 보이고 어떻게 생각하고 어떻게 행동해야 하는지를 끊임없이 강요받는다. 하지만 그 모든 기대가 사실은 근거 없는 허상이라면 어떨까? 심리학자 스티븐 헤이즈Steven Hayes는 정신 건강이나 지능에 대해 보편적인 '정상'이라는 기준은 존재하지 않는다고 말한다. 오히려 각 개인은 고유한 기술과 강점을 지닌 존재다. 그렇다면 실체 없는 '정상적인 사람'과 자신을 비교하기보다는, 자신의 고유한 성장에 집중하는 편이 낫지 않을까? 새로운 취미를 시작하거나 관계를 개선하는 등 어떤 영역이든, 중요한 것은 자기만의 기준에 따라 자신을 평가하는 것이다. 작가 조셉 치아로키 Joseph Ciarrochi가 말했듯, "'우리 삶을 우리 방식으로' 살아가는 길을 찾고, 우리를 우리답게 만들어주는 고유한 멋진 면들을 기꺼이 껴안자. 정상이란 그저 세탁기 설정에나 있는 말일 뿐이다."

✦ '때로는' 생각법 적용하기

자아에 대한 집착을 줄이고 무집착의 태도를 키우기 위해 '때로는 sometimes' 생각법을 적용할 수 있다. 이 방법은 마음이 '나는 ~이다' 혹은 '나는 ~할 수 없다'와 같은 유연하지 못한 자기 서사를 만들어낼 때, '때로는'이라는 단서를 덧붙이는 것이다. 이렇게 사고에 여지를 더하면, 자아가 고정된 것이 아니라는 사실을 인식하는 데 도움이 된다. 예를 들어, "나는 불안하다."라는 생각을 "나는 때로는 불안하다."로 바꿔볼 수 있다. 이러한 연습은 우리가 마음이 만들어낸 이야기보다 큰 존재임을 알아차리게 하고, 더 많은 가능성에 마음을 열며 위험을 감수하고 새로운 도전을 받아들이는 데 유익하다.

오랫동안 불안을 안고 살아온 헬렌이라는 인물을 상상해 보자. 그녀는 자신을 '불안한 사람'이라고 여겼고, 그런 자기 규정은 불안한 성향은 바꿀 수 없다는 믿음을 더욱 강화했다. 그러던 어느 날, 헬렌은 사고방식을 전환하는 데 도움이 될 수 있을지 알아보기 위해 '때로는' 생각법을 시도해 보기로 결심한다.

"나는 불안하다."라는 생각이 떠오른 순간, 그녀는 '때로는'이라는 말을 덧붙인다. "나는 때로는 불안하다."라고 스스로에게 말하며 깊게 숨을 들이쉰다. 그러자 그녀는 불안이 고정된 성격이 아니라, 스쳐 지나가는 일시적인 감정일 뿐이라는 사실을 깨닫게 된다. 헬렌은 자신이 단지 불안을 느끼는 사람에 그치지 않고, 그 불안을 다룰 수 있는 힘을 지닌 더 큰 존재임을 알아가고 있었다.

헬렌은 '때로는' 생각법을 꾸준히 실천하면서 불안한 생각과 감정에 대한 집착이 점점 줄어들고 있음을 느낀다. 그녀는 점차 불안이라는 특성으로 정의되는 고정된 존재가 아니라 역동적이고 다면적인 자신을 새롭게 인식하게 된다. 이러한 새로운 열린 인식은 헬렌으로 하여금 이전에는 생각하지 못했던 가능성을 탐색하고 더 과감한 도전을 시도할 수 있게 해준다. 이 사고방식을 받아들이면서 그녀는 자아에 대한 집착을 내려놓고 무집착의 태도를 키워가며, 보다 충만하고 주체적인 삶을 살아가게 된다.

✦ 자신을 상호의존적 존재로 바라보기

자신을 상호의존적인 존재로 바라보는 관점은 매우 중요하지만, 개인주의를 중시하는 사회에서는 종종 간과되곤 한다. 자립이 좋은 것이라는 신화와는 달리, 인간은 본질적으로 사회적인 존재이며, 생존을 위해 타인과의 연결과 상호작용을 필요로 한다. 이 상호의존성을 자각하게 되면, 우리는 자신의 행복이 타인의 행복과 얼마나 깊이 연결되어 있는지를 점차 깨닫게 된다.

학교와 같은 경쟁 중심의 환경에서는 타인을 성공을 위해 이겨야 할 대상으로 보기 쉽다. 그러나 연구에 따르면 경쟁보다 협력을 선택할 때, 모든 이에게 더 나은 결과가 나타날 수 있다. 친구나 동료, 형제자매와 경쟁하기보다 함께 협력하여 공동의 성공을 이루는 편이 훨씬 효과적이다. 승패를 나누려는 관점 대신에 모두 함께 성공하겠다는 관점을 가지면, 더 긍정적인 관계를 형성하고 경쟁만으로는 얻기 어려운 더 큰 성과를 만들어낼 수 있다.

자신을 상호의존적인 존재로 인식하는 것은 개인의 성과를 향상시킬 뿐 아니라 사회 전체의 긍정적인 변화를 이끄는 데에도 도움이 된다. 타인에 대한 우리의 의존성을 인식함으로써 사람들은 공동체의 복지와 사회 정의를 우선시할 가능성이 더 커진다. 궁극적으로 상호의존이라는 개념을 받아들이는 것은 온전하고 충만한 삶으로 나아가는 길이며, 동시에 더 협력적이고 공정한 사회를 만드는 토대가 될 수 있다.

상호의존성 개념을 확장하여 이를 헬렌의 사례와 연결해 보자. 헬렌은 내면의 비판적인 목소리와 자신의 불안한 성향은 바꿀 수 없다는 뿌리 깊은 믿음으로 오랫동안 힘들어했다. 그런데 그녀가 자신의 자기 비난이 사실은 타인에게 인정받고자 하는 깊은 욕구에서 비롯된 것임을 깨닫게 되자 자신의 행복이 타인의 행복과 어떻게 상호연결되어 있는지를 볼 수 있었다. 자신이 고립된 존재가 아니라 더 큰 사회적 관계망의 일부임을 인식하게 되면서 자기 중심적인 관점에서 벗어나 타인 중심적인 관점으로 사고방식을 전환해 나갈 수 있게 되었던 것이다.

실제로 이는 헬렌이 자기 비난을 개인적인 결함으로만 보지 않고, 그것이 사회가 요구하는 특정 기준에 맞추려는 압력에서 비롯된 것으로 인식하게 되었음을 의미한다. 이 사실을 인정하게 된 그녀는 자기 비난을 극복하기 위해 주변 공동체로부터 지지와 조언을 구하는 방향으로 나아갈 수 있게 된다. 예를 들어, 모든 판단을 스스로 내리려 하기보다, 신뢰하는 친구나 가족에게 자신의 작업이나 행동에 대해 피드백을 요청할 수 있다. 이러한 협력적인 접근은 헬렌이 자신의 목표를 이루는 데 도움이 될 뿐 아니라, 타인과의 관계를 더욱 단단하게 하고 상호지지와 상호의존의 경험을 쌓는 데도 도움이 된다.

✦ 피드백에 열린 마음을 갖기

무집착을 실천하는 일은 결코 쉽지 않다. 특히 평생을 독립적으로 살아온 사람에게는 상호의존을 받아들이는 일이 자칫 방어적인 반응을 불러일으킬 수 있다. 그렇기에 무집착을 실천하는 데 있어 중요한 요소 중 하나는 피드백에 열린 마음을 가지는 것이다. 우리는 대개 자신에 대해 완고한 믿음을 지니고 있어 타인의 의견에 거부감을 보인다. 그러나 이런 경직된 태도는 시간이 지날수록 성장과 변화에 걸림돌이 될 수 있다. 따라서 피드백을 기꺼이 받아들이는 자세는 개인적인 성장과 직업적인 발전 모두에 있어 아주 중요하다.

예를 들어, 팀원들을 지나치게 통제하는 경향이 있는 리더를 떠올려보자. 그는 그렇게 해야 업무의 질을 보장할 수 있다고 믿을지 모른다. 그러나 실제로는 이러한 방식이 오히려 팀원들의 사기를 떨어뜨리고 역효과를 낳을 수 있다. 하지만 피드백에 열린 자세로 다양한 관점을 받아들일 수 있다면, 리더는 자신의 행동이 초래하는 부정적인 영향을 인식하고 보다 협력적이고 자율성을 존중하는 방향으로 리더십 방식을 조정할 수 있다.

헬렌의 사례로 다시 돌아가보자. 그녀가 상호의존성을 키우고 자아에 대한 집착을 줄이길 원한다면, 타인의 피드백에 열려 있는 태도가 필요할 수 있다. 헬렌이 동료와 함께 프로젝트를 진행하던 중 자신의 아이디어가 팀의 목표와 맞지 않는다는 피드백을 받았다고 해보자. 자칫 방어적으로 반응하며 수정을 거부할 수도 있지만, 무집착을 실천하고 자신의 가치가 아이디어 자체에 달려 있지 않다는 사실을 인식한다면 상황이 달라질 수 있다. 헬렌은 피드백을 보다 열린 마음으로 받아들이고, 팀이 더 나은 성과를 내기 위해 조정이 필요하다면 기꺼이 할 수 있을 것이다. 이렇게 피드백을 수용하는 태도는 헬렌이 타인과의 관계를 개선하고 업무 성과를 높이는 데 도움이 되며, 동시에 자신의 고정된 자아에 대한 집착도 줄여줄 수 있다.

헬렌의 사례를 좀 더 확장해 보자. 그녀는 현재 논문을 준비 중인 대학원생으로 글쓰기에 어려움을 겪고 있고 진척이 더딘 데서 오는 불안감을 자주 느낀다. 게다가 지속된 스트레스로 인해 친구는 물론 가족과의 관계도 점점 멀어지고 있음을 느낀다.

반드시 혼자 힘으로 해내야 한다는 생각과 자아에 대한 집착을 내려놓기 위해, 헬렌은 협력적인 사고방식을 선택하기로 마음먹는다. 그리고 같은 프로그램에 속한 동료 대학원생들에게 글쓰기 모임을 제안한다. 그 모임에서 서로의 작업을 공유하고 피드백을 주고받으며 응원하는 과정을 통해 헬렌은 논문을 조금씩 진전시켜 나갈 수 있게 된다.

처음에 헬렌은 자신의 글을 공유하고 피드백을 받는 일이 망설여졌다. 하지만 다른 학생들의 관점과 제안을 들으면서 그들의 피드백이 충분히 가치 있고 글을 발전시키는 데 실질적인 도움이 된다는 사실을 깨닫기 시작했다. 또한 글쓰기 모임을 통해 더 이상 혼자가 아니라는 느낌을 받으며 동료들과의 연결감도 깊어졌음을 느꼈다.

헬렌은 협력적인 사고방식을 갖고 피드백에 열린 태도를 실천하면서 반드시 혼자 힘으로 성공해야 한다는 생각과 자아에 대한 집착을 점차 내려놓을 수 있었다. 그녀는 자신의 안녕이 타인의 안녕과 밀접하게 연결되어 있다는 사실과 협력이 모두에게 더 나은 결과를 가져올 수 있다는 사실을 점차 체감하게 되었다. 이처럼 헬렌은 글쓰기 모임을 통해 논문 작업에 실질적인 진전을 이루는 동시에 주변 사람들과의 관계도 개선해 나갈 수 있었다.

전반적으로 무집착을 실천한다는 것은 옳음에 대한 집착을 내려놓고, 피드백에 열린 태도를 가지며, 상호의존성을 인식하고, '때로는'이라는 유연한 사고방식을 갖는 것을 의미한다. 이렇게 무집착을 향해 구체적인 실천을 이어갈 때, 우리는 더 충만하고 유연한 삶을 살아갈 수 있다.

✦ 다양한 관점을 포용하기

상호의존성을 받아들이는 것은 궁극적으로 다양한 관점을 포용하는 데 도움이 된다. 이를 실천하기 위해서는 의식적으로 다른 시각을 구하려는 노력에서 시작해야 한다. 어떤 문제나 어려운 상황에 직면했을 때, 자신의 시각에만 머무르기보다 그 일에 관련된 타인의 관점을 적극적으로 찾아보는 것(헬렌의 글쓰기 모임처럼)이 중요하다. 이처럼 다양한 관점을 구하고 받아들이는 과정은 자신의 시야를 넓히는 데 도움이 되며, 동시에 상호의존적인 삶의 방식을 키워준다. 이는 자아에 대한 집착에서 비롯되는 경직된 신념을 완화하고, 삶을 개방적이고 유연하게 살아가는 태도를 길러준다. 구체적인 예로 헬렌이 글을 쓰다가 막혔을 때를 생각해 보자. 그녀는 글쓰기 모임에 도움을 요청하고 다양한 시각에서 피드백을 받음으로써 새로운 해법을 찾을 수 있을 것이다.

헬렌이 다른 사람들의 아이디어와 제안에 열린 마음을 가진다면 자기 글을 새로운 관점에서 바라보고 직면한 문제들에 대한 새로운 해결책을 찾을 수 있을 것이다. 이러한 접근법은 동료와 대화하고, 친구의 관점을 경청하고, 더 나아가 자신과 다른 신념이나 가치관을 지닌 사람들의 의견을 구하는 일까지 포함할 수 있다.

다음 사례를 생각해 보자. 사라는 마케팅 회사의 부서장으로 고객을 위한 새로운 광고 캠페인을 기획하는 업무를 맡게 되었다. 지금까지 그녀는 항상 자신의 창의적인 아이디어와 직감에 의존하여 성공적인 캠페인들을 만들어왔다. 하지만 최근 상호의존성과 무집착의 중요성에 대해 배우게 되면서 이번에는 새로운 접근법을 시도했다.

사라는 이제 자신의 아이디어에만 의존하지 않고 팀원들의 다양한 관점을 구해보기로 마음먹었다. 이를 위해 브레인 스토밍 회의를 열고, 모든 팀원이 자유롭게 자신의 생각과 시각을 공유할 수 있도록 격려했다. 회의가 진행되는 동안에는 각 팀원의 의견에 적극적으로 귀 기울이며 어떤 아이디어도 섣불리 판단하거나 배제하지 않으려 노력했다. 나아가 팀원들이 서로의 아이디어를 바탕으로 함께 발전시켜 나가며 가장 효과적인 캠페인을 만들어갈 수 있도록 분위기를 조성했다.

여러 관점에 열린 태도를 갖고 협업을 이끈 덕분에 사라와 그녀의 팀은 단순히 성공적인 캠페인을 넘어서, 폭넓은 시각을 반영하고 포용적인 메시지를 담은 캠페인을 완성할 수 있었다. 또한 다양한 관점을 구하고 팀원들과 협력하는 과정을 통해 사라는 상호의존성과 무집착의 가치를 직접 체감하게 되었다. 이제 그녀는 성공하기 위해 꼭 자신의 아이디어에만 의존하거나 자신의 능력에 대한 고정된 신념을 고수할 필요가 없다는 것을 이해하게 되었다. 이렇게 사라는 자신과 팀 사이의 상호의존성을 인식하면서 한층 더 유연하고 효과적인 리더로 성장해 나가고 있다.

다른 사람의 입장에서 생각하고, 그들의 경험과 관점을 이해하려는 태도는 무엇보다 중요하다. 예를 들어 동료와 의견이 충돌했을 때, 곧바로 상대가 틀렸다고 단정하기보다 그들의 시선에서 상황을 바라보고 이해하려는 노력이 필요하다. 또한 다른 문화권의 책을 읽거나 문화 행사에 참여하는 일처럼 다양한 관점을 접할 수 있는 활동은 생각의 폭을 넓히고 시야를 확장하는 데 도움이 된다.

가족 간의 어려운 문제를 다뤄야 하는 상황은 다양한 관점을 수용하는 데 좋은 본보기가 될 수 있다. 자신의 입장과 바람만을 고려하기보다 함께 엮여 있는 다른 가족 구성원들의 관점을 들여다보려는 노력이 필요하다. 이를 위해 서로 대화를 나누고, 상대방의 이야기에 진심으로 귀 기울이는 자세가 필요할 수 있다. 그렇게 서로의 마음을 살피다 보면, 상황을 더 깊이 이해하게 되고 모든 사람의 입장과 필요를 담아낼 수 있는 길이 서서히 보이기 시작한다.

또 다른 예로 직장에서 팀 프로젝트를 진행할 때를 떠올려 볼 수 있다. 자신의 아이디어만을 앞세우기보다 다른 팀원들의 생각에도 적극적으로 귀 기울이는 태도가 필요하다. 이를 위해 함께 브레인스토밍을 해볼 자리를 만들거나 다양한 의견이 자연스럽게 오갈 수 있는 분위기를 조성할 수 있다. 그렇게 서로의 생각을 모으다 보면 팀 전체의 관점이 고르게 담긴 보다 조화롭고 효과적인 해법에 다가갈 수 있다.

✦ 스스로에게 질문 던지기

무집착을 실천하고 다양한 관점을 포용하기 위해서는 스스로에게 질문을 던져보는 성찰의 시간이 도움이 될 수 있다. 나는 어떤 자기 대화에 갇혀 앞으로 나아가지 못하고 있는가? 가족이나 직장에서 맡고 있는 역할 중에 나를 움츠리게 하는 것은 무엇인가? 그 역할을 내려놓는다면 어떤 가능성이 열릴 수 있을까? 이런 질문들을 통해 자신의 관점을 점검하고 확장해 나가면, 하나의 경험도 여러 각도에서 바라볼 수 있게 된다.

이를테면 이런 상황을 떠올려보자. 당신은 친구와 다투고 나서 며칠째 마음이 불편하다. 그래서 분노와 답답함을 내려놓기 위해 애를 쓰고 있다. 스스로에게 이런 질문을 던져볼 수 있다.

- 지금 이 상황에 대해 나는 구체적으로 어떤 생각과 감정을 느끼고 있는가?
- 친구의 의도나 행동에 대해 내가 어떤 전제를 두고 있는가?

- 그 전제를 뒷받침할 만한 근거가 실제로 있는가?
- 혹시 그 전제와 어긋나는 사실이나 정황은 없는가?
- 이 상황에 대한 내 관점에 영향을 미친 개인적인 편견이나 과거의 경험이 있는가?
- 내가 친구의 입장이라면 어떤 기분일까?
- 친구는 이 상황을 어떻게 느끼고 있을까?
- 이 상황 속에서 내가 진심으로 바라는 결과는 무엇인가?
- 지금의 분노와 답답함을 붙들고 있는 것이 그 결과를 이루는 데 도움이 되는가?
- 상황을 더 건설적으로 바라보거나 접근할 수 있는 다른 방식은 없는가?
- 내 가치와 목표에 부합하는 동시에, 나와 친구 양쪽의 입장과 감정을 모두 고려하는 방향으로 이 상황을 풀기 위해 어떤 행동을 할 수 있을까?

결과에 대한 집착을 내려놓고, 현실을 있는 그대로 받아들이는 법을 배우는 일은 매우 중요하다. 예를 들어, 어떤 일을 세상에 내놓는 순간부터 그 결과는 이제 자신의 손을 떠난 것이다. 이 사실을 받아들이는 건 쉽지 않지만, 결과에 얽매이지 않을 때 오히려 마음이 편안해지고 더 자유로워진다.

결과를 내 뜻대로 통제하겠다는 집착은, 마치 연필을 마음만으로 조종하려는 것과도 같다. 아무리 의지가 강해도 손으로 직접 건드리지 않는 한 연필은 움직이지 않는다. 마찬가지로, 인생에서 결과를 내 뜻대로 통제하려 할수록 스트레스는 커지고, 마음은 불필요한 것에 묶이게 된다. 대신 다양한 관점을 받아들이고 결과에 집착하지 않으면, 삶은 더 여유롭고 유연해질 수 있다.

미디어를 의식적으로 소비하기

우리 모두 한 번쯤은 끝없이 이어지는 부정적인 뉴스에 빠져들었던 경험이 있을 것이다. 마치 모든 것을 집어삼키는 블랙홀처럼 끝도 없이 이어지는 뉴스 피드의 스크롤을 무심코 내리다 보면 어느새 시간은 훌쩍 지나 있다. 이런 행동을 '둠스크롤링 doom scrolling'이라 부르며, 요즘 시대엔 너무나 흔한 풍경이 됐다. 그 이름이 이 행동에 딱 들어맞는 것도 무리는 아니다. 팬데믹부터 자연재해, 정치적 혼란에 이르기까지 우리의 타임라인은 종종 어두운 뉴스들로 가득 차 있다. 하지만 많은 사람들이 간과하는 사실이 있다. 이런 뉴스 소비가 정신 건강에 분명한 악영향을 미친다는 점이다. 연구에 따르면 반복적인 부정적 뉴스 소비는 두려움과 스트레스, 불안, 그리고 슬픔을 증가시킬 수 있다(Baumeister, 2001). 그렇기에 정신적 안녕을 지키고 싶다면 우리는 자신이 어떤 정보를 소비하고 있는지 자각하고, 그 균형을 의식적으로 조율하려는 노력을 기울여야 한다.

의식적인 미디어 소비는 사람들이 어떤 미디어를 소비하고 어떻게 소비하는지에 대해 신중하고 의식적으로 접근하는 실천법을 말한다. 뉴 해피 The New Happy 의 창립자이자 긍정심리학 연구자인 스테퍼니 해리슨 Stephanie Harrison 은 이 실천에는 단순히 콘텐츠의 내용뿐 아니라 그것을 소비하는 방식까지도 포함된다고 말한다. 오늘날 우리는 감정적 어려움이나 힘든 현실을 회피하기 위해 무심코 스크롤을 내리거나 끊임없이 영상을 틀어놓은 채 시간을 보내기 쉽다. 그러나 해리슨은 이런 식의 미디어 소비가 오히려 정신 건강에 부정적인 영향을 줄 수 있다고 경고한다.

자신이 어떤 미디어를 소비하는지 의식하게 되면 불안이나 스트레스를 유발하는 부정적인 뉴스나 콘텐츠에 대한 노출을 줄일 수 있다. 반대로 긍정적인 메시지를 담고 있거나 타인과의 연결을 도와주는 콘텐츠를 의도적으로 선택할 수도 있다. 미디어를 소비하는 방식에 주의를 기울이면 무심코 멀티태스킹을 하거나 현실을 회피하는 수단으로 미디어에 의존하는 습관도 피할 수 있다. 이러한 습관은 집중력을 흐리고 마음을 더 불안하게 만들 수 있다. 결국 의식적인 미디어 소비란 그 순간에 집중하며 미디어 사용을 의식적으로 선택하는 태도를 의미한다. 우리는 이를 통해 미디어가 주는 긍정적인 영향을 더 잘 누릴 수 있고, 동시에 정신 건강을 해칠 수 있는 요소는 줄여 나갈 수 있다.

미디어를 의식적으로 소비하는 방법

소셜 미디어를 보다 의식적으로 사용하려면 먼저 지금 이 순간 왜 스크롤을 하고 있는지를 자각하는 것이 중요하다. 사람들과 연결되고 관계를 맺기 위해 소셜 미디어를 열었는가? 아니면 마음속 공허함을 채우거나 불편한 감정을 피하려는 무의식적인 습관 때문인가? 사랑하는 이들과의 소통을 이어가고 자신에게 의미 있는 것을 나누며 새로운 관계를 맺는 수단으로 소셜 미디어를 사용할 때는 삶의 만족감과 연결감을 높이는 데 도움이 된다. 하지만 무언가를 놓칠지도 모른다는 두려움이나 사람들과 단절될지 모른다는 불안감에서 비롯된 사용은 오히려 정신 건강과 행복에 해가 될 수 있다.

심리치료사이자 행동 전문가인 스티븐 로젠버그Steven Rosenberg 박사는 미디어 소비에 있어 균형을 찾는 것이 얼마나 중요한지를 강조한다. 지금 우리는 그 어느 때보다 다양한 방식으로 인터넷에 연결되어 있지만, 수많은 정보들을 여러 경로로 받아들이는 만큼 신중한 접근이 필요하다. 우리는 자신이 접하는 미디어가 단순히 흥미로운 것을 넘어서 실제로 무언가를 배우고 성장하는 데 도움이 되는지 돌아볼 필요가 있다. 자신의 사용 목적을 자각하고 보다 의식적이고 주의 깊은 방식으로 미디어를 소비한다면, 세상과의 연결을 유지하면서도 정신적 안정을 지키고 삶의 만족감을 높일 수 있다.

매일 수많은 콘텐츠가 쏟아지는 세상에서 진정으로 마음에 와닿는 콘텐츠만을 골라내는 일은 결코 쉽지 않다. 그러나 자신의 가치관과 목표에 부합하는 방식으로 미디어를 소비하는 일은 전반적인 삶의 건강을 지키는 데 있어 매우 중요하다. 스테퍼니 해리슨이 제안한 '배움Learn / 연결Connect / 기쁨Joy' 원칙은 이를 위한 실용적인 기준이 될 수 있다. 즉, 내가 소비하는 콘텐츠가 무엇을 배우게 해주는지, 타인과의 연결감을 키워주는지 혹은 기쁨을 주는지를 살펴보면 어떤 콘텐츠를 계속 보고 무엇은 과감히 내려놓아야 할지 더 분명하게 판단할 수 있다. 이런 접근은 자신의 가치에 충실한 소비를 가능하게 할 뿐 아니라, 시간과 에너지를 삶을 풍요롭게 해주는 콘텐츠에 쏟을 수 있도록 도와준다. 만약 피드를 훑고 난 뒤 무기력하거나 영감을 잃은 기분이 든다면, 지금 팔로우하고 있는 콘텐츠를 재평가하고 되돌아볼 때일지도 모른다.

오늘날 디지털 시대에 인터넷은 우리 삶에 깊숙이 자리잡고 있다. 소셜 미디어부터 온라인 뉴스까지 손가락 한 번 움직이면 닿을 수 있는 콘텐츠가 세상에 넘쳐난다. 하지만 이처럼 손쉬운 접근 뒤에는 스스로 경계를 설정해야 할 책임이 뒤따른다. 해리슨이 지적하듯, 어떤 사람에게는 해로운 콘텐츠가 다른 사람에게는 해롭지 않을 수도 있다. 중요한 것은 자신만의 상황을 파악하고 어떤 콘텐츠가 스스로를 불안하게 하거나 정서적으로 흔들리게 만드는지를 알아차리는 일이다. 로젠버그 박사는 목표를 설정하고 온라인 활동과 현실의 삶 사이에 균형을 찾는 것이 필요하다고 강조한다. 본질적으로 우리는 디지털 환경을 주도적으로 관리해야 하며, 자신의 삶에 도움이 되는 콘텐츠만 선별적으로 소비할 수 있어야 한다.

    소셜 미디어 사용 방식에 작은 변화를 주는 것만으로도 삶의 질에 큰 영향을 미칠 수 있다. 인스타그램처럼 끝없이 이어지는 콘텐츠 속에서 중심을 잡는 일은 버겁게 느껴질 수 있지만, 한 걸음씩 의식적인 미디어 소비를 실천하면 분명한 변화가 생긴다. 의식적으로 소셜 미디어 피드를 긍정적인 콘텐츠 위주로 정리하고 사용 시간을 적절히 제한하는 것만으로도 미디어를 더욱 주의 깊게 소비하게 되며, 그런 선택에 대해 스스로 만족감을 느낄 수 있다. 로젠버그 박사와 해리슨에 따르면, 소셜 미디어를 의식적으로 사용하는 습관은 타이머를 설정하거나 하루 중 특정 시간에만 확인하는 단순한 실천으로도 충분하다. 이렇게 작은 변화들을 통해서 소셜 미디어 사용에 대한 주도권을 되찾고 정신 건강에도 긍정적인 영향을 줄 수 있다.

    마음챙김은 요가 매트 위나 명상 시간에만 실천할 수 있는 것이 아니다. 일상에서뿐만 아니라 인터넷이라는 디지털 공간 속에서도 자연스럽게 녹여낼 수 있다. 의식적 소비의 원칙은 의도를 강조하며, 혼란스러운 디지털 세계에 빠져들기 전에 잠시 멈춰 설 것을 권한다. 휴대폰이나 노트북을 집어 들기 전, 지금 느끼는 감정을 인식하고 짧게라도 스스로를 살피는 순간을 가져보자. 명상에서 그러하듯, 이 작은 멈춤은 자신의 생각과 감정을 자각하고 주의를 다시 집중하며 흐트러진 마음에서 통제력을 되찾는 데 도움을 준다. 디지털 공간 속에서도 마음챙김을 이어갈 때, 우리는 온·오프라인 모두에서 더 의식적이고 충만한 삶을 만들어갈 수 있다.

소셜 미디어와 뉴스 플랫폼이 부정적인 콘텐츠로 넘쳐나는 세상에서 우리는 미디어 소비를 신중하고 의식적으로 선택할 필요가 있다. 다음은 의식적인 미디어 소비를 통해 부정적인 생각을 벗어나는 데 도움이 되는 현실적인 방법들이다.

✦ 1단계: 부정적인 미디어를 얼마나 소비하고 있는지 살피기

첫 단계로, 부정적인 미디어를 얼마나 소비하고 있는지 신중하고 의식적으로 살피자. 자신이 어떤 미디어를 소비하고 있으며 그 소비가 자신에게 어떤 영향을 미치고 있는지를 인식하는 것은 무엇보다 중요하다. 이를 위한 한 가지 방법은 특정 콘텐츠를 접했을 때 내면의 반응을 관찰하는 것이다. 예를 들어, 뉴스를 본 뒤 불안하거나 우울한 감정이 든다면 그런 주제에 대한 노출을 줄이는 것이 좋다. 지속적으로 부정적이거나 불편한 콘텐츠를 공유하는 계정을 언팔로우하거나 알림을 끄는 것도 하나의 방법이다. 물론 이는 쉬운 일이 아닐 수 있다. 특히 정보에 뒤처지고 싶지 않다는 생각이 들 때는 더욱 그렇다. 하지만 정신 건강을 위해서는 분명한 경계가 꼭 필요하다.

부정적인 미디어에 대한 노출을 줄이는 또 다른 방법은 소셜 미디어에서 잠시 거리를 두는 것이다. 일정 기간 앱을 삭제하거나 하루 중 소셜 미디어를 사용하는 시간을 제한하는 식으로 실천할 수 있다. 이렇게 하면 디지털 자극에서 벗어나 자신에게 기쁨과 긍정적인 에너지를 주는 활동에 더 집중할 수 있는 기회를 갖게 된다.

✦ 2단계: 자신에게 맞고 긍정적인 미디어 찾기

두 번째 단계로, 스스로를 되돌아보고, 신뢰하는 사람들에게 추천을 구해보자. 이런 과정을 통해 나에게 맞는 미디어에 우선순위를 두고, 내 피드를 긍정적인 방향으로 구성해 나갈 수 있다.

무심코 소셜 미디어에 보다가 하염없이 시간을 보내기 쉬운 요즘, 어떤 콘텐츠를 소비할지 의식적으로 선택하는 일은 더욱 중요해졌다. 이를 위한 한 가지 방법은 자신의 가치관과 우선순위를 돌아보고, 그에 맞는 미디어를 찾아보는 것이다. 예를 들어, 정신 건강과 행복을 소중히 여긴다면 긍정적인 확언이나 자기 관리 팁 그리고 스트레스와 불안을 다루는 데 도움이 되는 정보를 공유하는 계정을 팔로우할 수 있다.

또 다른 방법은 가까운 사람들에게 추천을 받는 것이다. 친구나 가족은 즐거움과 긍정적인 에너지를 주는 새로운 팟캐스트, 책, TV 프로그램 등을 발견하는 데 훌륭한 길잡이가 되어줄 수 있다. 자신이 진정으로 즐기는 미디어에 우선순위를 두면, 우리의 가치와 목표에 부합하는 콘텐츠로 피드를 채워 나갈 수 있다.

✦ 3단계: 앱 사용 시간 제한하기

세 번째 단계로, 미디어 소비를 최소화하기 위해 앱 사용 시간을 제한하자. 소셜 미디어 앱에 시간 제한을 두는 것은 부정적인 흐름에서 벗어나는 또 하나의 좋은 방법이다. 스마트폰 설정을 통해 하루 동안 소셜 미디어에 사용하는 시간을 제한하고 조절하면 온라인에서 보내는 시간을 보다 의식적으로 관리할 수 있다. 이는 부정적인 콘텐츠를 과도하게 소비하지 않도록 도와주는 데에도 효과적이다. 또한 스마트폰 이용 시간을 추적하고 휴식이나 디지털 디톡스를 알리는 앱을 활용하는 것도 좋다.

무엇보다 중요한 것은 변화는 결코 직선적이지 않으며 시간이 걸린다는 사실을 기억하는 것이다. 미디어 소비를 선별하는 일은 하나의 과정이며 각자에게 맞는 균형점을 찾는 데는 시간이 필요하다. 가끔은 실수하거나 계획에서 벗어나도 괜찮다. 중요한 건 꾸준히 시도하고 어떤 콘텐츠를 받아들일지에 대해 의식적인 태도를 유지하는 것이다. 작은 실천을 하루하루 쌓아가다 보면 결국 긍정과 기쁨으로 채워진 피드를 만들 수 있다.

어떤 사람이 자신의 소셜 미디어 피드를 정신 건강과 행복에 초점을 맞춰 정리하고 싶다고 가정해 보자. 가장 먼저 할 수 있는 일은 불안을 유발하거나 부정적인 콘텐츠를 게시하는 계정을 언팔로우하는 것이다. 그다음으로는 긍정적인 확언, 자기 돌봄 팁, 스트레스와 불안을 관리하는 데 도움이 되는 정보를 공유하는 계정을 새롭게 팔로우할 수 있다.

정신 건강과 행복을 주제로 한 팟캐스트, 책, TV 프로그램 등을 친구나 가족에게 추천받는 것도 도움이 된다. 또한 인스타그램 사용 시간을 하루 30분으로 설정하는 식으로 소셜 미디어 앱 사용 시간을 제한해 온라인에서 보내는 시간을 적절히 조절할 수도 있다.

앱 사용 시간을 제한하는 것뿐만 아니라 소셜 미디어를 언제 어떻게 사용하는지 의식하는 것도 중요하다. 하루 중 특정 시간을 정해서 그때만 피드를 확인한다거나, 업무 중이거나 친구 및 가족과 함께 시간을 보내는 등 다른 활동에 집중할 때는 소셜 미디어 사용을 자제하는 것이 하나의 방법이 될 수 있다.

결론적으로 미디어 소비는 정신 건강과 행복에서 중요한 역할을 한다. 우리는 미디어 소비를 신중하고 의식적으로 선택하고, 피드를 긍정적인 콘텐츠 위주로 구성하며, 앱 사용 시간을 제한하는 방법으로 부정적인 흐름을 끊을 수 있다. 이러한 작은 실천들을 이어가다 보면 더 건강한 미디어 소비 습관을 만들고 보다 긍정적이고 만족스러운 삶을 추구할 수 있다.

(SUMMARY)

- 내면의 비판자 개념은 심리학에서 잘 알려진 개념으로 우리 마음속에 존재하는 부정적인 목소리를 뜻한다. 이 목소리는 우리의 결점이나 한계를 평가하고 비난하며 책망한다.

- 오타와 대학교의 심리학 교수 패트릭 고드로는 탁월주의라는 개념을 소개했다. 이는 자신에게 높은 기준을 세우되 그 기준이 비현실적이거나 건강에 해롭지 않도록 조절하는 태도이다. 기준에 미치지 못했을 때 자기 비판에 빠지는 대신, 새로운 경험을 받아들이고 창의적인 문제 해결 방식을 활용하며, 실수를 통해 배워 나가면서 꾸준히 탁월함을 향해 나아가는 것을 말한다.

- 무집착은 삶의 모든 것을 통제하거나 집착하고 소유하려는 욕구를 내려놓는 기술이다. 이는 감정적으로 무뎌지거나 무관심하라는 뜻이 아니라 인생의 모든 것은 일시적이고 끊임없이 변한다는 사실을 받아들이는 태도를 말한다. 집착을 내려놓을수록 마음은 더 자유로워지고 고통은 한층 줄어든다.

▎의식적인 미디어 소비란 자신이 어떤 미디어를 어떻게 소비할지 주의 깊고 의식적으로 선택하는 실천을 의미한다. 스테파니 해리슨은 이 개념이 콘텐츠 자체뿐만 아니라 그 소비 방식까지도 함께 주목해야 함을 강조한다.

제3장

성장 마인드셋을 키우는 법

숲 속에서 무성하게 자라나는 아름다운 나무 한 그루를 떠올려보자. 이 나무는 해마다 몸통에 새로운 나이테를 더하며 몇 인치씩 키를 높여간다. 하지만 계절이 바뀔 때마다 나무는 자신의 일부를 잃는다. 겨울이 오면 모든 잎을 떨구고, 그 잎들은 다시 돌아오지 않는다. 새롭고 싱그러운 잎을 틔우고 더 크게 자라기 위해, 나무는 한때 자신에게 속했던 것들을 모두 놓아버리고 아무것도 걸치지 않은 채 홀로 견디는 시기를 반드시 거쳐야 한다. 역설적으로 나무는 규칙적으로 '죽는 법'을 알기에 오래도록 살아남는다. 끊임없는 변화의 흐름에 온전히 몸을 맡김으로써 오히려 영속성을 획득하는 것이다. 나무는 스스로를 반복적으로 줄이고 비워내는 과정을 통해 더욱 넓게 뻗어나간다. 이는 단지 시적인 은유가 아니다. 성장이라는 것은 본래 어떤 형태든 상실을 필요로 한다. 이러한 방식으로 변화하지 않는 존재는 성장하지 못하고 결국 정체되고 만다.

성장 마인드셋growth mindset과 내려놓는 능력 사이에는 깊은 연관이 있다. 성장 마인드셋을 기른다는 것은 자신의 능력이나 지능이 고정된 것이 아니라 노력과 끈기를 통해 얼마든지 발전할 수 있다고 믿는 것이다. 이러한 관점은 실패와 좌절조차도 성장과 배움의 기회로 바라보는 힘을 준다. 성장 마인드셋을 받아들이면 자신을 제약하는 믿음이나 자기 의심을 더 쉽게 내려놓을 수 있다. 대신 배움과 변화의 가능성에 집중하게 되고, 실수에 덜 집착하며 더 과감하게 도전할 수 있게 된다. 이는 결국 삶의 여러 영역에서 더 큰 성공과 만족으로 이어질 수 있다. 자신의 가능성을 믿고 시간이 흐를수록 더 나아질 수 있다는 확신이 있을 때, 내려놓는 일은 훨씬 수월해진다.

변화를 받아들이기

변화를 받아들이는 것은 성장 마인드셋의 핵심이다. 변화는 우리가 도전과 좌절을 배움과 성장의 기회로 바라보게 해주기 때문이다. 그렇기에 '내려놓기'라는 과정에서도 성장 마인드셋은 매우 중요한 역할을 한다. 성장 마인드셋을 지닌 사람은 실패의 위협을 끝이 아닌 성공으로 가는 디딤돌로 받아들인다. 이러한 관점은 어떤 상황에서도 호기심과 열린 마음으로 접근하게 하며, 오래된 신념이나 부정적인 자기 대화를 내려놓고 새로운 도전과 성장의 기회를 기꺼이 받아들이게 한다. 과거의 실수를 용서하든 해로운 관계에서 벗어나든, 내려놓는다는 것은 나를 붙잡고 있던 것들을 과감히 떨치고 미래의 무한한 가능성을 받아들이는 마음을 필요로 한다.

성장 마인드셋은 자신의 능력과 지능이 노력과 헌신, 끈기를 통해 발전할 수 있다는 믿음을 말한다. 본질적으로 성장 마인드셋은 자아란 고정된 존재가 아니며 우리의 성향이나 특성 또한 타고난 채 변하지 않는 것이 아니라는 관점을 바탕으로 한다. 즉, 배움과 성장은 실제로 가능하다는 믿음이다. 오늘의 내가 어떤 모습이라 해서 내일도 꼭 같은 모습일 필요는 없다는 것이다.

성장 마인드셋을 지닌 사람은 실패를 일시적인 좌절로 받아들이며 그것을 개선과 성장을 위한 디딤돌로 삼는다. 변화는 삶의 불가피한 일부이며, 이를 기꺼이 받아들이는 사람일수록 새로운 상황에 유연하게 적응하고 새로운 것을 익히며 더욱 깊이 있는 성장을 이뤄낸다. 반대로 성장 마인드셋이 없다면 변화는 위협적인 존재로 인식되며 회피의 대상이 된다. 학습을 변화의 한 형태로 본다면, 고정 마인드셋[fixed mindset]을 가진 상태에서는 진정한 배움이나 성장, 발전이 일어나기 어렵다는 사실을 이해할 수 있다. 변화는 종종 도전을 동반하며, 이러한 도전에 성장 마인드셋으로 접근하는 사람일수록 그 속에서 배움을 얻고 해결책을 찾아낼 가능성이 높다. 반면 고정 마인드셋을 지닌 사람은 "새로운 것을 배우고는 싶지만, 동시에 내가 그것을 모른다는 사실은 인정하고 싶지 않다."라는 모순된 핵심 신념을 고수한다. 이치에 맞지 않는 말 아닌가?

한 학생이 시험에서 좋지 않은 성적을 받았다고 상상해 보자. 고정 마인드셋을 가진 학생이라면 시험 결과를 자신의 지능과 능력을 그대로 드러내는 증거로 받아들이고 좌절하거나 쉽게 포기할 가능성이 크다. 반면, 성장 마인드셋을 지닌 학생은 낮은 점수를 실수로부터 배우는 기회로 삼고 부족한 부분을 점검하며 불필요한 죄책감을 내려놓는다. 그리고 다음에 더 잘할 수 있도록 계획을 세우는 계기로 받아들인다.

변화를 받아들이는 태도는 우리가 위험을 감수하고 익숙한 틀 밖으로 나아가도록 도와준다. 새로운 경험에 열려 있고 도전을 두려워하지 않는 사람은 더 많은 열정을 발견하고 새로운 것을 익히며 자신의 목표를 이룰 가능성이 높아진다. 본질적으로 변화를 수용하는 것은 성장 마인드셋의 핵심이다. 그 이유는 변화가 도전을 두려움이 아닌 성장과 발전의 기회로 바라보게 하기 때문이다. 이러한 태도는 우리가 새로운 상황에 유연하게 적응하고 새로운 것을 배우며 개인적인 성장과 성취로 이어지는 도전을 기꺼이 받아들이도록 이끈다.

변화를 두려워하는 것은 인간에게 매우 보편적인 감정으로 다양한 심리적 요인에 의해 비롯된다. 자발Zaval, 마코위츠Markowitz, 그리고 베버Weber는 2015년에 사람들이 현상 유지를 선호하는 경향과 위험을 감수하며 변화를 선택하려는 경향을 분석하기 위한 연구를 수행했다. 이들은 사람들이 대체로 손실 회피 성향을 지니고 있다는 사실을 발견했다. 이는 사람들이 이익보다 손실에 더욱 민감하게 반응한다는 의미다. 그 결과, 변화의 비용은 과대평가되고 반대로 변화로 인한 잠재적 이익은 과소평가되는 경향이 나타난다. 연구에서 참가자들은 다양한 상황을 제시받고 선택을 내려야 했는데, 이익에 관한 선택보다 손실에 관한 선택일 때 더 쉽게 위험을 감수하는 경향이 있었다. 사람들이 변화로 얻을 수 있는 잠재적 이익보다 현재 가진 것을 잃을지도 모른다는 두려움에 더 크게 동기 부여가 된다는 점을 시사한다. 결국 이 연구는 사람들이 변화에 저항하고 익숙한 것을 놓지 않으려 하는 심리적 요인을 이해하는 것이 얼마나 중요한지를 잘 보여준다.

사람들이 변화를 두려워하는 또 다른 이유는 변화가 자신이 느끼는 통제감과 안정감을 흔들 수 있기 때문이다.

러너Lerner와 동료들이 2015년에 실시한 한 연구에서, 음악을 직접 선택할 수 있었던 참가자들은 그렇지 못한 참가자들에 비해 도박 과제에서 더 쉽게 위험을 감수하는 경향을 보였다. 이 연구는 사람들이 어떤 상황에 대해 통제하고 있다고 느낄 때, 더 기꺼이 위험을 감수하고 변화를 받아들인다는 점을 시사한다.

또한 변화에는 종종 노력과 불편을 감수해야 하기에 사람들은 이를 꺼리기도 한다. 조우Zou와 동료들이 2016년에 수행한 연구에 따르면, 사람들은 친환경적인 행동이 번거롭고 불편하다고 느끼기 때문에 참여도가 낮은 것으로 나타났다. 이 연구는 사람들이 자신의 행동이 환경에 실질적인 영향을 줄 수 있다고 믿고, 변화로 얻을 수 있는 이익이 그에 따르는 비용보다 크다고 여길 때에야 비로소 행동을 바꿀 동기를 갖게 된다는 사실을 보여준다.

결론적으로 사람들이 변화를 두려워하는 이유는 손실 회피, 통제와 안정에 대한 욕구, 그리고 불편함 때문이다. 이러한 심리적 요인을 이해해야만 개인과 조직은 변화에 대한 두려움을 극복하고 성장과 개선을 받아들일 수 있는 전략을 마련할 수 있다.

변화는 그 종류나 규모에 관계없이 사고와 감정을 모두 요구한다. 자전거 타는 법을 배우는 일만 해도, 단순한 기술 습득을 넘어 보조 바퀴 없이 달릴 수 있다는 자신감을 필요로 한다. 회사 예산을 사용하는 프로젝트를 제안하는 일도 단순히 기획을 세우는 것을 넘어 제안이 받아들여지지 않을지도 모른다는 두려움과 실패의 가능성을 감수해야 하는 일이다. 집을 리모델링하는 일 또한 단순한 공간 개선이 아니라, 그 안에 얽힌 애착과 추억을 돌아보고 내려놓는 정서적 과정을 포함한다. 이처럼 변화에는 늘 감정이 따르지만, 이러한 감정적 측면은 종종 간과된다. 그러나 그것은 변화의 핵심적인 일부다. 심리학자 돈 켈리Don Kelley와 대릴 코너Daryl Connor가 제시한 변화 모델은 이러한 점을 반영하여, 사람들이 변화의 과정에서 겪는 감정의 기복을 공감과 이해를 바탕으로 잘 이겨낼 수 있도록 돕는다. 변화에 수반되는 감정을 인식하고 그것을 건강하게 다룰 수 있게 되면 변화는 더 이상 두렵지 않고 충분히 감당할 수 있는 일이 된다.

변화는 종종 사람들의 감정을 뒤흔들며 마치 삶의 궤도

에서 벗어난 듯한 느낌을 남기기도 한다. 그러나 변화에 따르는 감정적 사이클을 이해하면 감정의 롤러코스터 속에서도 어느 정도 안정감을 되찾을 수 있다. 감정적 사이클은 새로운 리더십이나 조직 구조에 적응할 때 혹은 새로운 역량을 익히는 과정 등 다양한 상황에서 나타난다. 변화는 부정, 저항, 탐색, 몰입, 수용의 단계를 거치며 진행된다. 이런 각 단계를 인식하면 자신이 겪는 감정을 더 깊이 이해하고 그 감정을 보다 건강하게 다룰 준비를 갖출 수 있다. 변화는 시간을 두고 차근차근 겪어가는 하나의 여정이다. 올바른 마인드셋을 가진다면 변화는 개인과 조직 모두에게 의미 있는 성장과 긍정적인 전환을 가져다줄 수 있다는 점을 기억할 필요가 있다.

변화의 감정적 사이클은 다섯 단계로 구성된다. 근거 없는 낙관, 근거 있는 비관, 절망의 골짜기, 근거 있는 낙관, 그리고 성공과 충만감이다. 첫 번째 단계인 근거 없는 낙관은, 변화가 가져다줄 이익에 대한 기대와 설렘으로 가득하지만, 그에 따르는 비용이나 어려움은 제대로 인식하지 못하는 상태다. 두 번째 단계인 근거 있는 비관에 이르면, 변화에 필요한 노력의 현실을 인지하게 되면서 부정적인 감정과 의심이 생겨난다. 세 번째 단계는 감정의 바닥이라 할 수 있는 절망의 골짜기다. 이 시점에서 많은 사람들이 변화가 가져다줄 이익이 멀게 느껴지고 불편함이 커지면서 중도에 포기하게 된다. 그러나 이 시기를 견뎌낸 사람들은 네 번째 단계인 근거 있는 낙관에 도달하게 된다. 이 단계에서는 성공의 가능성이 점차 높아지고 변화의 이점이 보다 뚜렷하게 드러난다. 마지막 다섯 번째 단계인 성공과 충만감에 이르면, 새로운 행동이 일상 속에 자리 잡고, 변화의 혜택을 온전히 경험하게 된다. 이로써 변화에 들인 노력과 시간이 충분히 가치 있었다는 인식이 생긴다.

변화의 감정적 흐름을 극복하는 열쇠는 자신이 이루고자 하는 목표에 대한 강력한 미래 비전을 갖고 어려운 시기를 끝까지 견뎌내는 데 있다.

다음은 변화의 다섯 단계를 설명하는 하나의 예다. 어떤 한 사람이 더 건강한 몸을 만들기 위해 헬스장에 다니기로 결심했다고 가정해 보자.

- **근거 없는 낙관**: 이 단계에서는 헬스장에 가겠다는 생각만으로 들뜬 상태

다. 몸이 좋아지면 활력이 넘치고 자신감도 생길 거라는 기대에 가득 차 있지만, 아직 그 과정에서 마주할 현실적인 어려움은 겪어보지 않았다. 정기적으로 헬스장에 다니기 위해 필요한 시간과 노력 같은 요소는 미처 고려되지 않은 상태다.

- **근거 있는 비관**: 몇 번 헬스장에 다녀온 뒤에는 점차 실망감이 들기 시작할 수 있다. 운동 습관을 꾸준히 유지하는 것이 얼마나 어려운 일인지, 근육통이 얼마나 심한지, 특정 시간대에는 헬스장이 얼마나 붐비는지를 하나둘 깨닫게 된다. 그러면서 이만한 노력을 계속 들일 가치가 있는 일인지 의문이 들기 시작한다.

- **절망의 골짜기**: 이 시점에서 사람은 가장 깊은 바닥을 경험하고 포기를 고민하게 된다. 며칠 헬스장을 거른 뒤 다시 시작하려니 막막하고, 눈에 띄는 변화도 없어 그동안의 노력이 과연 의미 있었는지 회의가 든다. 이 단계는 매우 중요하다. 이때 포기하면 모든 걸 처음부터 다시 시작해야 하기 때문이다.

- **근거 있는 낙관**: 절망의 시기를 견뎌내면 점차 변화가 눈에 보이기 시작한

다. 예전보다 더 무거운 중량을 들 수 있고 더 오래 달릴 수 있는 자신을 발견한다. 이러한 작지만 분명한 성과들이 동기 부여가 되어 목표에 다가가고 있다는 긍정적인 확신이 생긴다.

- **성취와 충만감**: 마침내 몇 주 혹은 몇 달간의 꾸준한 노력 끝에 고된 운동의 결실을 체감하게 된다. 자신감이 생기고 에너지가 넘치며 몸의 변화도 눈에 띄게 나타난다. 이쯤 되면 헬스장에 가는 일이 일상의 자연스러운 일부가 되고 처음의 고비들은 아득한 기억처럼 느껴진다.

변화에 대한 두려움을 극복하는 방법

✦ 근본적인 두려움 다루기

당신에게 변화란 깊고 본질적인 차원에서 어떤 의미인가? 위협이나 위기처럼 느껴지는가? 불쾌하지만 어쩔 수 없이 넘어서야 할 장애물인가? 혹은 흥미롭고 기대되는 일이나 새로운 기회인가? 아니면 좋지도 나쁘지도 않고, 그저 피할 수 없는 어떤 것일 뿐인가?

변화에 대한 두려움이 실패나 비판에 대한 두려움 같은

근본적인 공포에서 비롯된 것이라면, 그 두려움은 실패와 비판에 대한 인식을 바꾸는 데서부터 극복해 나갈 수 있다. 예를 들어, 실패를 두려워하는 사람은 누구나 실패를 겪는다는 사실과 그것이 배움의 자연스러운 일부라는 사실을 이해해야 한다. 실패는 개인의 가치나 능력을 판단하는 기준이 아니라는 인식을 갖게 되면, 장애물 앞에서도 더 끈기 있고 회복탄력성을 보이며 나아갈 수 있다. 마찬가지로 비판이 두려운 사람은 타인의 의견이 과연 자신이 맞춰야 할 만큼 가치 있는 것인지 곰곰이 되짚어 볼 필요가 있다. 자신의 삶을 선택하고 만들어갈 수 있는 힘이 자신에게 있다는 것을 깨달을 때, 비판에 대한 두려움을 극복하고 진정으로 자신에게 중요한 변화를 향해 나아갈 수 있게 된다.

새로운 사업을 시작하고 싶지만 실패가 두려운 사람이 있다고 가정해 보자. 이때 사고방식을 전환해 실패를 배움과 성장의 기회로 바라본다면, 그는 훨씬 더 긍정적인 태도로 도전에 나설 수 있다. 비슷한 경험을 한 사람들의 조언과 지지를 구하는 것도 자신감을 키우고 실패에 대한 두려움을 극복하는 데 큰 도움이 된다. 만약 이 사람이 새로운 고객에게서 비판적인 피드백을 받는다면, 그것을 어떻게 받아들이느냐는 전적으로 그의 마인드셋에 달려 있다. 그 피드백을 이제 그만두어야 한다는 신호로 해석할 수도 있고, 발전의 기회로 삼을 수 있는 소중한 정보로 받아들일 수도 있다. 중요한 것은 피드백 자체는 변하지 않는다는 점이다. 달라지는 것은 오직 그것을 바라보는 태도다.

재스퍼의 고민을 들여다보자. 그는 지금 한 가지 어려운 결정을 앞두고 고민하고 있다. 오랫동안 자신만의 작은 사업을 운영하는 것이 꿈이었지만, 실패에 대한 두려움을 떨칠 수 없었다. 시도했다가는 실수만 하게 되고, 결국 시간과 돈만 낭비하게 될 거라는 생각이 머릿속을 떠나지 않았다. 그러다 우연히 자신처럼 창업을 꿈꿨고 현재는 성공적으로 사업을 운영하고 있는 친구와 대화를 나누게 되면서 조금씩 생각이 달라지기 시작했다. 실패를 배움과 성장의 기회로 다시 바라보게 되자, 재스퍼는 자신의 마인드셋을 전환하고 오랫동안 품어온 꿈을 보다 긍정적인 태도로 마주할 수 있게 됐다. 비슷한 경험을 한 사람들의 조언과 지지를 구한 것도, 자신감을 키우고 실패에 대한 두려움을 극복하는 데 도움이 됐다. 지금 재스퍼는 마침내 자신의 꿈을 향해 한 걸음씩 나아가고 있으며, 그런 변화를 가능하게 해준 마인드셋의 전환에 진심으로 감사하고 있다.

✦ 변화를 새롭게 정의하기

과거에 변화로 인해 부정적인 경험을 했더라도, 변화를 더 자주 받아들이는 연습을 통해 그에 대한 두려움을 극복할 수 있다. 새로운 경험과 도전에 자신을 노출시키면서 회복탄력성과 적응력을 키울 수 있으며, 변화를 두려움이나 회피의 대상이 아닌 성장과 배움의 기회로 다시 정의할 수 있다.

예를 들어, 대중 앞에서 말하는 것이 두려운 사람이라면 먼저 가까운 친구나 가족 앞에서 이야기하는 작은 시도부터 해볼 수 있다. 이렇게 점차 자신감을 쌓아가며 더 많은 사람들 앞이나 더 긴장되는 상황으로 자연스럽게 나아갈 수 있다. 발표나 연설을 자신의 지식을 나누고 사람들과 소통하는 기회로 다시 정의하면, 그 두려움을 극복하고 새로운 기회에 한 걸음 더 가까이 다가갈 수 있다.

✦ 인간의 타고난 약점 극복하기

인간은 본능적으로 즉각적인 만족을 추구하고 고통을 피하려는 성향이 있다. 이로 인해 장기적인 목표를 추구하거나 삶에 지속적인 변화를 만드는 일이 쉽지 않다. 그러나 이러한 성향을 긍정적인 방향으로 잘 활용하면, 오히려 타고난 약점을 극복하고 원하는 목표를 이룰 수 있다.

예를 들어, 체중 감량을 원한다면 그 목표를 더 작고 실천 가능한 단계로 나누는 것이 도움이 된다. 매일 건강한 아침을 챙겨 먹거나, 저녁 식사 후 짧은 산책을 하는 등 작지만 구체적인 행동부터 시작하는 것이다. 이러한 작은 성취에 집중하고, 그 과정을 통해 자신의 변화를 스스로 인정하고 기뻐하는 습관을 들이면, 중도에 포기하거나 목표를 잊는 경향을 이겨낼 수 있다. 또한 운동할 때 좋아하는 음악을 듣거나, 특정 목표를 달성했을 때 자신에게 작은 보상을 주는 방식으로 과정 자체를 더 즐겁고 보람 있게 만들면, 꾸준한 실천이 한층 더 수월해진다.

브레인 덤핑

삶은 매 순간 수없이 많은 생각들로 가득 차 있다. 생존에 꼭 필요한 생각도 있지만, 사소하고 불필요한 생각들도 많다. 이런 생각들이 머릿속을 끊임없이 채우고 통제하기 어려워질 때, 우리는 마음이 어지럽고 산만하다는 느낌을 받는다. 이를 전문가들은 정신적 잡동사니 metal clutter 라고 부른다. 정신적 잡동사니란 부정적인 자기 대화, 걱정, 의심, 두려움 등이 쌓여 진짜 중요한 것에 집중하지 못하게 하는 상태를 말한다. 마치 집 안에 잡동사니가 잔뜩 쌓여 삶의 질을 떨어뜨리는 것처럼, 정신적 잡동사니도 정신 건강은 물론 창의성과 생산성에도 부정적인 영향을 미친다. 따라서 마음속 혼란을 인정하고 이를 정리하는 방법을 찾는 것이 중요하다. 그래야 비로소 본연의 능력을 제대로 발휘하며 살아갈 수 있다.

정신적 잡동사니는 강박적인 생각이나 부정적인 자기 대

화처럼 다양한 형태로 나타날 수 있다. 지나치게 계획을 세우거나 현재에 집중하지 못하는 것도 한 예다. 완벽주의나 끊임없는 통제 욕구 역시 정신적 잡동사니를 유발하는 흔한 원인이다. 이러한 정신적 혼란은 때때로 과거의 실수를 계속 되새기거나 일어나지도 않은 미래의 일을 끝없이 걱정하는 모습으로 나타나기도 한다. 이 모든 것이 정신적 잡동사니의 대표적인 사례이며, 이는 감정과 판단은 물론 삶의 전반적인 안녕에도 깊은 영향을 미친다. 더 나아가 우리가 무언가를 내려놓고 앞으로 나아가는 것을 더욱 어렵게 만든다.

핵심 신념과 사고 패턴을 면밀히 분석하고 다시 정립하는 일은 분명 가치 있는 작업이다. 하지만 머릿속을 가득 채운 과도한 생각들 때문에 때로는 그 시작조차 쉽지 않다. 생각이 지나치게 많으면 오히려 명확하게 사고하는 것이 불가능해지기 때문이다. 마치 당신의 마음이 20년 동안 청소 한 번 하지 않은 수집광의 집과 같다고 상상해 보자. 그 집의 침실 바닥을 정리하려면, 그 전에 바닥을 덮고 있는 온갖 잡동사니부터 먼저 치워야만 한다. 이와 마찬가지로 마음속에 쌓인 정신적 쓰레기들을 먼저 비워내야 비로소 핵심 신념과 왜곡된 사고 패턴을 제대로 들여다보고 정리할 수 있다.

생산성 컨설턴트 데이비드 앨런David Allen이 대중화한 브레인 덤핑brain dumping은 마무리 짓지 못한 채 머릿속에 쌓여가는 일들을 정리하고, 흩어진 생각을 체계화하는 데 도움이 되는 기법이다. 하지만 이 방법을 실제로 실천하는 일은 말처럼 쉽지 않다. 불안하거나 스트레스를 많이 받을 때는 생각이 너무 빠르게 흘러가 글로 적는 것은 물론 따라가기조차 어려울 때가 있다. 머릿속의 혼란을 정리하려 애쓰는 것 자체가 부담스럽게 느껴질 수도 있다. 그럼에도 불구하고 누구나 마음을 가득 채운 복잡한 생각들을 내려놓고 싶어 한다. 비록 쉬운 일은 아니지만 꾸준히 연습하면 누구나 브레인 덤핑을 익혀 맑고 정돈된 정신 상태가 주는 다양한 이점을 경험할 수 있다.

브레인 덤핑은 긴 하루를 마친 뒤 배낭을 비우는 일에 비유할 수 있다. 학생들이 하루 동안 썼던 공책, 연필, 교과서를 책상 위에 꺼내 놓듯, 브레인 덤핑은 머릿속에 가득 찬 생각들을 종이나 화면 위에 쏟아내는 과정이다. 처음에는 마치 책상 위에 아무렇게나 흩어진 학용품처럼 혼란스러워 보일 수 있다. 하지만 일단 하나씩 정리하고 분류하기 시작하면 마음이 훨씬 가벼워지고, 맑은 정신으로 해야 할 일에 집중할 수 있게 된다. 매일 아침 새로운 하루를 시작하기 위해 배낭을 정리하듯 브레인 덤핑도 꼭 필요한 과정이라 생각하면 된다.

생각을 꺼내어 펼쳐놓는다는 것은 마치 모든 것을 테이블 위에 올려놓고 한눈에 들여다보는 것과 같다. 우리는 그 과정을 통해 마음의 공간을 만들어낸다. 무엇을 남기고 무엇을 버릴지 그리고 어떻게 정리할지를 결정하기에 앞서 지금의 상태를 차분하고 객관적으로 바라보는 일이 먼저다.

이렇게 마음의 여유 공간이 생기면 새롭게 열린 사고가 예상치 못한 창의력의 폭발로 이어질 수 있다. 브레인 덤핑을 왜 시작해야 할지 고민하고 있다면 생각해 볼 만한 이유는 충분하다. 그중에서도 가장 큰 장점은 머릿속에서 불필요한 걱정과 할 일들을 비워낼 수 있다는 점이다. 할 일이 너무 많을 때는 모든 것이 당장 처리해야 할 일처럼 느껴져 압박감과 스트레스를 받기 쉽다. 하지만 마음속에 떠오르는 생각들을 차분히 글로 써보는 시간을 가지면, 무엇이 진짜 중요한 일이고 무엇은 잠시 미뤄도 되는 일인지 더 분명하게 가릴 수 있게 된다.

또한 브레인 덤핑은 사람들이 '해야 할 일들'을 내려놓을 수 있도록 도와준다. 즉, 해야 한다고 느끼지만 좀처럼 실행에 옮기지 못했던 일들을 내려놓는 것이 가능해진다. 우선순위가 분명해지면 진짜 중요한 일에 집중할 수 있게 되고 그만큼 생산성은 높아지며 마음도 한결 평온해진다. 잡동사니가 집 안을 어지럽히듯, 머릿속에 쌓인 정신적 잡동사니 역시 마음을 과부하 상태로 몰아넣을 수 있다. 하루 종일 끊임없이 떠오르는 생각들은 집중력을 흐트러뜨리고 그중 일부는 정신적 혼란의 원인이 되기도 한다.

정신적 잡동사니는 다양한 형태로 나타날 수 있다. 그중 하나가 정보 과부하다. 이는 받아들이는 정보의 양이 지나치게 많아 뇌가 제대로 처리하지 못하는 상태를 말하며, 결과적으로 깊은 정신적 피로를 유발한다. 연구에 따르면, 정보 과부하는 집중력과 의사결정 능력 그리고 기억력에 부정적인 영향을 미치며 불안과 번아웃으로 이어져 전반적인 삶의 질을 떨어뜨릴 수 있다. 따라서 정보에 대한 노출을 조절하고 정신적 에너지를 재충전할 수 있는 휴식을 의도적으로 갖는 것이 중요하다(Cheng & Wenhua, 2022). 또 다른 형태의 정신적 잡동사니는 기대감이다. 어떤 사람이나 상황이 특정한 방식으로 흘러가기를 바라지만, 현실이 그렇지 않을 때 그 차이가 마음의 혼란을 만든다. 미뤄두고 있는 일들도 마찬가지다. 해야 한다는 생각이 하루 종일 머릿속을 맴돌며 집중을 흐트러뜨리고 끊임없는 부담감으로 작용하면서 정신적 잡동사니가 된다. 마지막으로 스트레스, 불안, 걱정, 두려움, 수치심, 분노, 좌절 같은 부정적인 감정들 또한 정신적 잡동사니를 일으키는 주요 원인이 될 수 있다.

　머릿속의 잡음을 걸러내지 않으면, 사람들은 하루 종일 쉽게 예민해지고 집중이나 생산성 유지에도 어려움을 겪게 된다. 머릿속은 시시각각 다양한 생각과 산만한 자극들로 넘쳐난다. 뉴스부터 시작해 일상적인 업무와 연예인 가십까지 뒤섞이면서 정신적 잡동사니는 갈수록 더 많아진다. 이럴 때 브레인 덤핑은 효과적인 해결책이 될 수 있다. 이 유익한 방법을 일상에 자연스럽게 녹여내면 더 큰 통제력과 여유, 자신감을 얻을 수 있다. 지금부터 그 실천을 위한 몇 가지 팁을 살펴보자.

간단한 브레인 덤핑 연습해 보기

 브레인 덤핑은 머릿속을 정리하고 생각을 체계화하는 데 간단하면서도 효과적인 방법이다. 이 연습은 떠오르는 모든 생각과 아이디어를 종이나 화면에 쏟아내는 방식으로 내면의 공간을 비우고 진짜 중요한 일에 집중할 수 있게 해준다. 방법은 매우 간단하다. 종이 한 장을 꺼내거나 컴퓨터 문서를 열고, 생각의 흐름을 유도할 수 있는 문장 하나를 적어보자. 예를 들어 "지금 내가 주의해야 할 것은 무엇인가?", "지금 가장 집중해야 할 일은 무엇인가?", "~의 이점은 무엇인가?", "~에는 어떤 위험 요소가 있는가?"와 같은 문장이 될 수 있다. 어떤 문장을 선택하느냐는 이 연습을 통해 무엇을 얻고 싶은지에 따라 달라진다.

 문장을 작성했다면, 이제 타이머를 10분으로 맞춘다. 이 시간 동안에는 떠오르는 생각을 판단하거나 걸러내지 않고 있는 그대로 자유롭게 써내려간다. 만약 생각이 막히거나 더 이상 쓸 말이 떠오르지 않는다면 처음에 적었던 문장을 반복해서 쓰며 흐름을 이어가면 된다.

이 연습의 목적은 머릿속에 있는 모든 것을 종이 위로 꺼내는 데 있다. 할 일 목록, 아이디어, 걱정거리, 심지어는 꿈에 이르기까지 무엇이든 포함될 수 있다. 이 과정을 꾸준히 실천하면 불필요한 생각으로 어지러운 마음을 정리하고 집중력을 기르는 데 큰 도움이 된다.

　어떤 사람이 업무가 너무 많아 머릿속이 복잡해진 상황이라고 가정해 보자. 그는 "지금 내가 가장 집중해야 할 일은 무엇인가?"라는 문장을 사용해 브레인 덤핑을 시도해 보기로 한다. 그런 다음 타이머를 10분으로 맞추고, 떠오르는 모든 업무를 종이에 적기 시작한다. 간단한 이메일 보내기부터 보고서 작성 같은 큰 프로젝트까지 크고 작은 일들을 빠짐없이 써 내려간다. 10분이 지나면, 작성한 목록을 검토하고 얼마나 급한 일인지와 얼마나 중요한 일인지를 기준으로 우선순위를 정한다. 이제 그는 해야 할 일들을 모두 적고 정리해 두었기 때문에 가장 중요한 일부터 집중해 처리할 수 있다.

　생각들을 종이에 쏟아냈다면, 그 다음에는 무엇을 해야 할까? 브레인 덤핑을 보관하고 주기적으로 되돌아보는 것은 이 과정을 최대한 효과적으로 활용하는 데 매우 중요하다.

이는 자신의 진행 상황이나 아이디어를 추적하는 데 도움이 될 뿐 아니라, 향후 프로젝트를 위한 영감의 원천이 되기도 한다. 브레인 덤핑을 보관하는 한 가지 방법은 전용 노트나 다이어리를 사용하는 것이다. 모든 생각과 아이디어를 한곳에 모아두면 나중에 다시 참고하기도 훨씬 수월해진다. 노트를 선택할 때는 종이의 질, 크기, 휴대성 등을 고려하는 것이 좋다. 예를 들어 만년필을 자주 사용하는 사람이라면 번지거나 얼룩지지 않는 고급 종이로 만든 노트를 선택하는 것이 바람직하다. 반대로 노트를 자주 가지고 다녀야 한다면, 내구성이 좋고 휴대가 편리한 튼튼한 표지의 노트를 선택하는 것이 좋다.

노트를 마련했다면 그 안에 쏟아낸 생각들을 정기적으로 되짚어 보는 일이 중요하다. 매주 혹은 매달 시간을 따로 정해 노트를 다시 훑어보며 미처 의식하지 못했던 아이디어나 인사이트를 발견하는 것이다. 이 과정은 흩어진 생각들을 정돈하고 반복되는 패턴이나 주제를 찾아내는 데에도 큰 도움이 된다.

예를 들어, 누군가가 자신의 비즈니스를 위한 새로운 마케팅 캠페인을 준비하고 있다고 해보자. 브레인 덤핑을 하며 소셜 미디어 게시물, 블로그 글, 이메일 뉴스레터에 대한 다양한 아이디어를 마구 적어둔다. 몇 주 뒤, 그 메모를 다시 살펴보던 중 많은 아이디어가 특정한 주제나 방향성을 중심으로 모여있다는 사실을 깨닫는다. 이런 인사이트는 캠페인 전략을 더 정교하게 다듬고, 타깃 고객에게 더 효과적인 콘텐츠를 만드는 데 도움이 된다.

이처럼 브레인 덤핑을 기록하고 정기적으로 검토하는 일은 단순하지만 매우 강력한 방법이다. 약간의 시간과 노력을 들이면 이 메모들은 사고를 정리하고 창의력을 유지하며 생산성을 높여주는 소중한 자원이 될 수 있다.

실행 항목을 추려내 행동에 옮기기

머릿속의 생각들을 종이에 쏟아내고 1차로 정리했다면 다시 한 번 노트를 꼼꼼히 들여다보며 실행 가능한 항목들을 추려내야 한다. 이는 적어둔 아이디어, 생각, 할 일 목록을 다시 살피면서 구체적인 행동으로 옮길 수 있는 것들을 찾아내는 과정이다.

처음에는 이 작업이 다소 막막하게 느껴질 수 있다. 하지만 이 단계의 핵심은 마음속 혼란을 정리하고, 실천으로 이어질 수 있는 실마리를 찾아내는 데 있다. 모든 것을 한꺼번에 해내려 하기보다는 중요한 것을 선별해서 집중하는 것이 무엇보다 중요하다. 무리해서 너무 많은 일을 하려 들면 오히려 부담이 커져 시작조차 하지 못하게 될 수 있다. 따라서 목록을 우선순위에 따라 정리해 보자. 특히 지금 당장 필요하거나 삶에 큰 영향을 줄 수 있는 항목부터 선택하는 것이 좋다.

실행할 항목을 추려냈다면 이제는 행동에 옮길 차례다. 회의 일정을 잡는 것일 수도 있고, 전화를 거는 일, 혹은 어떤 과제나 프로젝트를 마무리하는 일일 수도 있다. 중요한 건 목록에 적어만 두고 미루지 않는 것이다. 행동은 빠를수록 좋다. 만약 실행 항목이 너무 많아 감당하기 어렵다면 가장 중요한 세 가지만 골라보자. 그렇게 하면 부담을 줄이면서도 인생에 가장 큰 변화를 가져올 수 있는 일에 집중할 수 있다.

한 사람이 업무와 관련해 브레인 덤핑을 했다고 해보자. 그 목록에는 '회의 준비하기', '고객에게 후속 연락하기', '프로젝트 보고서 완성하기' 같은 다양한 할 일들이 담겨 있다. 이때 세 가지 일을 한꺼번에 처리하려 하기보다 가장 시급한 과제인 '회의 준비하기'에 먼저 집중한다. 이 과제의 마감 기한을 정하고 회의 준비를 위해 일정표에 시간을 미리 확보하는 식으로 바로 행동에 나선다. 그 일을 마친 뒤에야 비로소 다음 항목으로 넘어가는 것이다.

이 책의 앞부분에서 우리는 '통제할 수 있는 것과 그렇지 않은 것을 구분하는 법'에 대해 살펴보았다. 이 차이를 명확히 구분해야 하는 이유는 단순하다. 통제 가능한 것은 다음 행동의 동력으로 삼을 수 있고, 통제할 수 없는 것은 의식적으로 받아들이고 내려놓을 수 있기 때문이다. 바꿀 수 있는 것과 없는 것을 구분하는 과정은 일종의 감정적 응급 처치라고 볼 수 있다.

브레인 덤핑은 머릿속에 가득한 생각들을 모두 꺼내 종이 위에 펼쳐놓는 작업이다. 이렇게 쏟아낸 뒤에는 다시 하나하나 들여다보며 선별하는 과정이 필요하다. 어떤 것은 유용하고 어떤 것은 전혀 쓸모없을 수도 있다. 이 둘을 분별해 내기 위해 가장 중요한 자세는 마음을 차분히 가라앉히고 인내심을 갖는 것이다. 그리고 무엇보다 스스로에게 너그러워지는 것이다.

SUMMARY

- 변화를 수용하는 것은 성장 마인드셋의 핵심이다. 이는 도전과 좌절을 학습과 성장의 기회로 받아들이게 해주기 때문이다. 성장 마인드셋이란, 자신의 능력과 지성은 지속적인 노력과 헌신 그리고 결단을 통해 발전할 수 있다는 믿음이다. 이러한 마인드셋을 지닌 사람은 실패를 일시적인 장애물로 여기고 그것을 성장과 발전의 디딤돌로 삼는다.

- 실패를 학습의 기회로 바라보는 관점의 전환은 변화에 대한 두려움을 내려놓는 데 필수적이다. 실패를 값진 경험으로 받아들이게 되면 사람들은 자신의 실수에서 교훈을 얻고 접근 방식을 조정함으로써 성공 가능성을 높일 수 있다. 이는 같은 실수를 반복하거나 유사한 상황에 갇히는 일을 막는 데 도움이 된다.

- 데이비드 앨런이 대중화한 브레인 덤핑은 마무리 짓지 못한 채 머릿속에 쌓여가는 일들을 정리하고, 흩어진 생각을 체계화하는 데 효과적인 기법이다.

▌브레인 덤핑은 머릿속을 가득 채운 불필요한 걱정과 할 일들을 비워내는 데 도움을 준다. 해야 할 일이 많을수록 모든 것이 급하고 중요한 일처럼 느껴져 쉽게 압도되고 스트레스를 받게 된다. 이럴 때 머릿속에 떠오르는 생각들을 모두 종이에 써 내려가면 진짜 중요한 일이 무엇이며 나중으로 미뤄도 되는 일이 무엇인지 분별할 수 있게 된다.

제4장

생각 중독에서 벗어나는 법

우리 모두가 마음속에서 스스로에게 어떤 '이야기'를 들려주고 있다면, 그 이야기는 과연 어떤 내용일까? 그 이야기 속에서 우리는 자신에게 어떤 역할을 맡기고, 어떤 인물로 살아가고 있을까? 우리가 만들어낸 현실의 이야기는 어떤 장르일까? 드라마일까, 코미디일까, 아니면 공포물일까? 나는 그 이야기에서 약자일까, 영웅일까, 아니면 구제 불능의 악당일까? 나의 이야기는 사랑을 찾아가는 여정일까, 불가능을 이겨내는 이야기일까, 혹은 선과 악의 싸움일까? 하지만 더 근본적인 질문이 있다. 나는 그 이야기를 그저 지켜보고만 있을까,

아니면 그 속에서 주인공으로 연기하고 있을까, 혹은 무대 뒤에서 모든 것을 조율하는 감독일까?

부정적인 자기 서사를 내려놓는 일은 쉽지 않지만 정신 건강과 안녕을 위해 꼭 필요한 과정이다. 이와 관련해 효과적인 접근법으로 알려진 것이 바로 이야기 치료^{narrative therapy}다. 이 기법은 부정적인 생각과 신념에서 자신을 분리하고 그것들을 외부의 대상으로 인식하게 함으로써 통제할 수 있는 힘이 자신에게 있다는 점을 자각하게 돕는다.

외재화^{externalization}는 문제를 의인화하고 자신과 분리된 관점에서 바라보게 함으로써 문제와 일정한 거리를 두고 객관적으로 조망할 수 있도록 한다. 이는 자기 인식을 높이고 건강한 시각을 기르는 데 큰 도움이 된다. 이러한 기법을 활용하면 사람들은 자신의 생각과 행동, 그리고 자신이라는 존재에 대해 더 깊은 통찰력을 얻게 되며 궁극적으로는 더 긍정적이고 만족스러운 삶을 살아갈 수 있게 된다.

이 전략을 통해 우리는 자신만의 이야기를 새롭게 써 내려가며, 스스로를 해치던 내면의 목소리를 놓아줄 수 있게 된다. 이 과정이 결코 쉽지만은 않지만 치료사의 도움이나 스스로의 성찰을 통해 사고방식을 바꾸고 더 긍정적인 자아상을 길러갈 수 있다. 자기 수용이 이루어지는 과정은 끝없이 계속되겠지만, 외재화 같은 심리적 전략을 활용하면 부정적인 자기 서사를 조금씩 내려놓으며 앞으로 나아갈 수 있다.

부정적인 자기 서사를 고쳐 쓰기

우리는 종종 머릿속에서 끊임없이 반복되는 부정적인 내면의 대화에 빠진 자신을 발견하곤 한다. 합리적 정서 행동 치료REBT[3]의 창시자 앨버트 엘리스Albert Ellis는 이를 '고약한 생각'이라 불렀다. 부정적인 자기 서사란 자신이나 타인 혹은 세상을 바라보는 비관적인 사고방식이다. 이러한 무의식적 사고 패턴은 인식하지 못하는 사이에 마음속에서 배경음악처럼 흘러가며 우리의 생각과 행동에 은밀하게 영향을 미친다. 이처럼 삶의 배경음악처럼 깔려 있는 부정적인 생각들을 제대로 인식하고 긍정적인 서사로 바꾸지 않으면 자기 파괴적 행동으로 이어지고 부정적인 생각의 악순환에 빠질 수 있다. 하지만 걱정할 필요는 없다. 자각과 꾸준한 연습을 통해 누구나 내

---

[3] 비합리적인 사고를 합리적으로 바꿔 감정과 행동을 변화시키는 인지 행동 치료.

면의 대화를 다시 써 내려가며 부정적인 서사를 내려놓고 더 밝고 긍정적인 시각을 키워나갈 수 있다.

신념은 삶 전반에 깊은 영향을 미치지만 많은 이들이 어린 시절 자신도 모르게 형성된 부정적인 자기 서사를 품은 채 살아간다. 이러한 서사는 대개 행복감과 자존감을 조금씩 갉아먹는다. 그러나 다행히도 무의식 속에 자리한 부정적인 신념은 긍정적인 것으로 충분히 바꿀 수 있다. 물론 시간과 노력이 필요하지만 그만큼 얻는 것도 크다. 마치 더 이상 맞지 않는 오래된 옷을 옷장에서 꺼내 정리하듯, 낡은 신념을 비워내면 새롭고 더 힘이 되는 신념을 들일 공간이 생긴다. 그렇게 바뀐 신념은 더 행복하고 충만한 삶을 살아가는 데 밑바탕이 된다. 그러니 오래된 부정적인 서사에 더 이상 발목 잡힐 필요는 없다. 우리 안에는 언제든 자신의 이야기를 새롭게 써 내려가고 더 밝고 긍정적인 미래를 만들어갈 힘이 있다.

부정적인 자기 대화는 자신과 타인에 대한 왜곡된 믿음을 강화하여 과거의 상처와 분노에 계속 얽매이게 만든다. 스스로를 끊임없이 책망하고 부정적인 경험을 되새기다 보면 자기 비난과 수치심이 반복되는 악순환이 시작되고 무력감과 절망감에 빠지기 쉽다. 이로 인해 과거의 상처를 내려놓고 앞으로 나아가는 것이 더욱 어려워질 수 있다.

반면, 부정적인 자기 대화를 내려놓는 것은 정신 건강에 여러 긍정적인 영향을 준다. 연구에 따르면, 자신을 친절하고 이해심 있게 대하는 자기 연민은 회복탄력성을 높이고 정서적 안정감을 향상시키며 우울과 불안 증상을 줄이는 데 도움이 된다(Neff, 2009; MacBeth & Gumley, 2012). 또한 부정적인 자기 대화를 내려놓는 일은 타인과의 관계 개선에도 기여한다. 네프[Neff]와 동료들의 연구(2017)에 따르면 자기 연민은 관계 만족도와 의사소통 능력을 높일 뿐 아니라 상대를 이해하고 지지하는 태도를 기르는 데에도 긍정적인 영향을 미친다. 요컨대 부정적인 자기 대화는 사람을 과거에 묶어두고 정신 건강에 악영향을 미칠 수 있지만, 이를 내려놓고 자기 연민을 실천하면 회복력과 정서적 안정은 물론 인간관계까지도 개선할 수 있다.

부정적인 자기 서사를 고쳐 쓰는 방법

부정적인 자기 서사는 정신 건강과 자존감에 해로운 영

향을 미칠 수 있다. 그렇기에 이런 생각들을 인식하고 그 진실성과 유용성에 대해 의문을 던지며 도전하는 시간이 필요하다. 정말 사실인가? 이 생각이 나에게 도움이 되는가? 부정적인 자기 서사를 지우고 다시 써 내려가기 시작할 때, 우리는 이런 질문들을 자신에게 던져야 한다. 오래도록 믿어온 생각이라고 해서 반드시 진실이라는 뜻은 아니다. 그리고 어떤 생각이 사실이라고 해도, 그 생각에 우리의 소중한 주의력과 에너지를 쏟을 만한 가치가 있는지는 또 다른 문제다. 세상에는 무수히 많은 이야기가 존재한다. 그중 어떤 이야기에 당신의 에너지를 담고 싶은가? 이제는 자신의 생각을 스스로 다스리며 내면의 서사를 더 긍정적이고 희망적인 이야기로 다시 써 내려갈 때다.

✦ 1단계: 부정적인 자기 서사 파악하기

부정적인 자기 서사를 다시 써 내려가기 위해서는 먼저 그것이 무엇인지 인식하고 정확히 파악하는 것이 중요하다. 이를 위해 자기 내면의 대화에 귀를 기울이고 다양한 상황에서 반복적으로 스스로에게 들려주는 메시지를 주의 깊게 살펴봐야 한다. 또한 과거의 경험을 되짚어 보며 그때 자신에게 어떤 부정적인 말을 했는지 떠올리는 것도 좋다. 그 안에 반복되는 주제나 패턴이 있는지 살펴보는 것은 큰 도움이 된다.

부정적인 자기 서사를 파악한 다음에는 그 생각에 의문을 던지며 더 긍정적이고 현실적인 자기 대화로 대체해 나가는 과정이 필요하다. 이는 자신이 지닌 부정적인 신념이 정말 타당한지 스스로 점검하고, 그 대신 자신을 격려하고 지지하는 신념으로 전환해 가는 작업이다. 예를 들어 "난 분명 실패할 거야"라고 말하기보다는 "어려움이 있을 수는 있지만 최선을 다하면 해낼 수 있어."라고 말해보는 것이다.

연구에 따르면, 부정적인 자기 서사를 다시 써 내려가는 것은 정신 건강과 안녕에 상당한 이점을 가져올 수 있다. 한 연구에서는 부정적인 자기 대화를 인식하고 이를 긍정적인 언어로 대체하도록 한 인지 행동 치료가 우울과 불안 증상을 완화하는 데 효과적이라는 결과가 나타났다(McEvoy 외, 2016). 또 다른 연구는 부정적인 자기 서사를 긍정적이고 확신에 찬 신념으로 바꾸는 자기 확언이 회복탄력성을 높이고 스트레스 수준을 낮추는 것과 관련이 있음을 밝혀냈다(Creswell 외, 2013).

요약하자면 부정적인 자기 서사를 고쳐 쓰기 위해서는 먼저 그것을 인식하고 파악하는 것이 중요하다. 그런 다음에는 그 신념이 과연 타당한지 의문을 제기하고, 더 긍정적이고 현실적인 자기 대화로 바꾸어야 한다. 예시를 하나 떠올려보자. 한 사람이 "나는 충분하지 않아."라는 부정적인 자기 서사를 가지고 있다. 이 믿음은 실수를 하거나 다른 사람에게 비판을 받을 때마다 활성화된다. 그의 부정적인 자기 대화는 이 믿음을 더욱 굳히다가 마침내 자신이 가진 능력과 가치까지 의심하게 만든다.

가령 한 사람이 몇 주 동안 한 프로젝트에 매달렸지만 상사에게서 별로 좋지 못한 피드백을 받는다. 그러자 그는 자신의 능력을 의심하기 시작하고, 부정적인 자기 대화만이 머릿속을 꽉 채운다. "그럴 줄 알았어. 나는 이 일에 어울리지 않아. 더 잘했어야 했는데, 나는 늘 이런 식으로 망쳐."

이러한 부정적인 자기 서사를 자각하지 못한 채 방치하면 그 서사는 점점 우리의 행동을 규정하고 가능성을 제한하게 된다. 위험을 감수하길 망설이고 도전을 피하며, 배우고 성장할 수 있는 소중한 기회를 놓치게 되는 것이다. 하지만 이 내면의 서사를 인식하게 되는 순간 우리는 그것을 더 긍정적이고 스스로에게 힘을 실어주는 이야기로 다시 써 내려갈 수 있다. 자신의 강점과 성취를 인정하고 더 나은 성과를 위해 무엇을 할 수 있을지에 집중하면서 부정적인 믿음을 조금씩 바꿀 수 있다. "실수를 좀 했지만 그걸 통해 배울 수 있었어. 나는 괜찮은 사람이고 앞으로도 계속 배우고 성장해 나갈 거야."라고 말하면서 말이다.

이처럼 부정적인 자기 서사를 인식하고 새롭게 써 내려갈 때, 우리는 자신에 대한 인식과 감정을 바꾸고 궁극적으로는 행동을 변화시켜 원하는 목표에 다가설 수 있다.

✦ 2단계: 잘못된 믿음 알아차리기

부정적인 자기 서사를 고쳐 쓰기 위한 중요한 단계 중 하나는 잘못된 믿음을 찾는 것이다. 이는 부정적인 사고 패턴을 형성하는 근본적인 전제와 태도를 들여다보는 데 도움을 준다. 이러한 잘못된 믿음은 대개 무의식 깊은 곳에 자리하고 있어서, 깊이 있는 내면 성찰 없이는 좀처럼 드러나지 않는다.

앞선 예시의 "그럴 줄 알았어. 나는 이 일에 어울리지 않

아. 더 잘했어야 했는데, 나는 늘 이런 식으로 망쳐."라는 말에서 드러나는 잘못된 믿음은 '나는 무가치하다' 혹은 '쓸모없다'는 생각이다. 또 다른 예로 누군가 연인에게 거절당한 뒤 "나는 사랑받을 수 없는 사람이야."라고 생각한다고 해보자. 이와 같은 부정적인 자기 서사는 타인의 인정이 곧 나의 존재 가치를 결정한다는 잘못된 믿음에 바탕을 두고 있다. 이 경우 그 사람의 마음속에 자리한 근본적인 욕구는 사랑받고 연결되고 싶은 마음일 수 있다.

예를 들어 친구가 약속을 취소했을 때 "저 사람은 나를 좋아하지 않아. 나와 시간을 보내고 싶지 않은 거야."라는 부정적인 자기 서사가 떠오를 수 있다. 이 서사의 밑바탕에는 "나는 사랑과 우정을 받을 자격이 없는 사람이다."라는 잘못된 믿음이 자리하고 있으며 그 사람의 내면에는 애착/소속감, 혹은 사랑/유대감에 대한 욕구가 숨어 있을 수 있다.

잘못된 믿음을 구별해 내려면 부정적인 자기 서사를 만들어낸 근본적인 전제와 태도를 들여다볼 필요가 있다. 스스로에게 다음과 같은 질문을 던져보자. "내가 사랑받지 못할 존재라는 증거가 과연 있을까?", "이 사람이 나를 사랑하지 않는다해도 내가 여전히 사랑받을 수 있는 존재라면 그건 어떤 의미일까?" 이런 질문을 따라가다 보면, 나는 사랑받을 수 없다는 믿음이 실은 왜곡된 시선이나 서툰 해석에서 비롯된 것임을 알아차리게 될 것이다.

잘못된 믿음을 확인했다면, 이제 그 믿음에 조용히 질문을 던지며 생각의 방향을 조금씩 더 긍정적이고 현실적인 쪽으로 돌려볼 수 있다. 이를테면 나라는 존재의 가치는 타인의 인정으로 정해지는 것이 아니며 사랑을 느끼고 마음을 나누는 방식은 참으로 다양하다는 사실을 받아들일 수 있다.

✦ 3단계: 충족되지 않은 기본 욕구 표시하기

모든 인간은 삶을 온전히 살아가기 위해 반드시 충족되어야 하는 기본적인 욕구를 지니고 있다. 가장 기초적인 생리적 욕구부터 정서적·심리적으로 더 섬세한 차원의 욕구까지 이 모든 것은 우리의 전반적인 안녕에 깊이 연결되어 있다. 심리학자 에이브러햄 매슬로우 Abraham Maslow는 이러한 인간의 필수 욕구들을 욕구 위계 이론이라는 틀 안에 담아냈다. 피라미드 모양으로 그려지는 이 구조의 가장 아래에는 음식, 물, 수면처

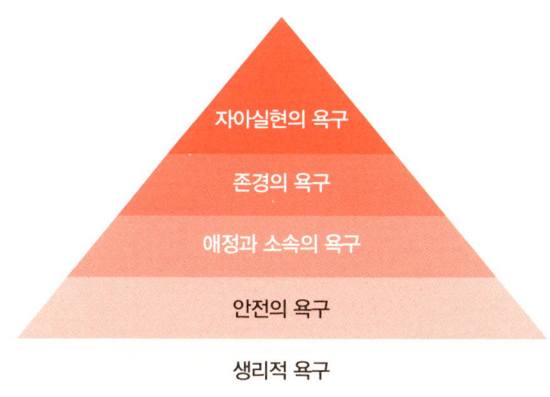

매슬로우의 욕구 피라미드

럼 생존을 위한 생리적 욕구가 놓여 있다. 이러한 가장 기초적인 욕구가 충족되지 않으면 인간은 생존할 수 없다.

다음 단계의 욕구는 안전의 욕구로, 보호받고 있고 안전하다는 느낌과 깊이 관련되어 있다. 이는 머물 수 있는 공간이 있다는 사실이나 사랑하는 이들의 곁에 있다는 안정감으로 나타날 수 있다. 그 위로는 애정과 소속의 욕구, 존경의 욕구, 그리고 가장 꼭대기에는 자아실현의 욕구가 자리한다. 자아실현이란 자신의 잠재력을 온전히 펼치고 삶의 꿈을 실현해 나가는 과정을 뜻한다. 매슬로우의 욕구 위계 이론은 우리에게 기본적인 욕구를 돌보는 일이 얼마나 중요한지를 일깨워 준다.

이러한 욕구들이 충족되고 있을 때는 그 소중함을 쉽게 잊기 마련이지만, 그것들이 채워지지 않을 때는 삶 전반에 깊고도 큰 영향을 미칠 수 있다. 그래서 우리는 때때로 걸음을 멈추고 자신과 주변 사람들에게 충족되지 않은 기본적인 욕구가 무엇인지 되돌아볼 필요가 있다. 그 욕구를 알아차리고 돌보는 과정을 통해 우리 모두가 자신답게 꽃필 수 있는 세상을 함께 만들어갈 수 있기 때문이다. 충족되지 않은 기본 욕구를 찾아내어 표시한다는 건 부정적인 자기 서사를 불러온 어떤 경험 속에서 채워지지 않았던 욕구가 무엇이었는지를 찾아내는 일이다. 그 욕구는 안전감, 소속감, 존중감, 또는 그 밖의 인간이라면 누구나 가진 기본적인 욕구와 닿아 있을 수 있다. 예를 들어, 한 아이가 자라며 끊임없이 비판을 받고 늘 "나는 부족해."라는 감정을 안고 살아왔다면, 그 아이는 "나는 괜찮은 사람이 아니야."라는 부정적인 자기 서사를 마음속에 품게 될 수 있다. 그리고 이 서사는 훗날 실패나 좌절을 마주했을 때 다시 고개를 들며 그 사람의 마음을 흔들 수 있다.

다음은 충족되지 않은 기본 욕구를 어떻게 찾아내어 표시할 수 있는지를 보여주는 예시이다.

- **사건**: 한 사람이 연인에게 거절당한다.
- **부정적인 자기 서사**: "나는 사랑받을 수 없는 사람이야."
- **잘못된 믿음**: "나에게는 뭔가 문제가 있어."
- **충족되지 않은 기본 욕구 표시하기**: 애정과 소속의 욕구

이 예시에서 "나는 사랑받을 수 없는 사람이야."라는 부정적인 자기 서사는 나에게는 뭔가 문제가 있다는 잘못된 믿음에서 비롯된다. 이때의 경험을 통해 충족되지 않은 기본 욕구를 들여다보면, 그 사람이 연인에게 거절당했을 때 애정과 소속에 대한 욕구가 채워지지 않았다는 점을 알 수 있다. 바로 그 지점에서 나에게는 뭔가 문제가 있다는 왜곡된 믿음이 자극되었고, 이는 곧 "나는 사랑받을 수 없다."라는 자기 서사로 이어지게 된 것이다.

이처럼 충족되지 않은 욕구를 인식하게 되면 그 사람은 자신이 왜 그런 부정적인 생각과 감정을 겪는지 조금씩 이해되기 시작할 것이다. 나아가 친구나 가족과의 긍정적인 관계를

쌓거나 사회적 모임에 참여하거나 전문적인 도움을 받는 등 건강한 방식으로 애정과 소속의 욕구를 돌보는 길을 찾아갈 수 있다.

✦ 4단계: 부정적인 자기 서사를 긍정적인 서사로 고쳐 쓰기

우리는 종종 자신이나 타인, 그리고 세상에 대해 잘못된 믿음을 품은 채 살아간다. 하지만 다행스러운 것은 그런 부정적인 자기 서사를 더 따뜻하고 긍정적인 이야기로 다시 쓸 수 있다는 점이다. 항상 기억해야 할 첫걸음은 내 안에서 되풀이되는 부정적인 서사를 인식하는 일이다. 그리고 그 서사를 움직이게 만드는 잘못된 믿음이 무엇인지 살펴보아야 한다. 그 믿음의 바탕에는 종종 충족되지 않은 기본적인 욕구가 자리하고 있기에 그것을 찾아 조심스레 짚어보는 과정이 필요하다. 이렇게 하나씩 들여다보고 이름 붙이는 과정을 통해 우리는 자신을 지금까지와는 다른 시선으로 바라볼 수 있게 된다. 생각의 방향도 조금씩 더 긍정적인 쪽으로 옮겨가기 시작한다. 연습이 거듭되면 부정적인 생각이 떠오르는 순간을 더 빠르게 알아차릴 수 있고 그 자리를 스스로에게 힘이 되는 긍정적인 서사로 채울 수 있게 된다. 한번 시도해 보면 알게 될 것이다. 단 하나의 긍정적인 서사가 어떻게 마음을 바꾸고 삶을 따뜻하게 바꾸어가는지를.

부정적인 자기 서사를 긍정적인 서사로 고쳐 쓰는 일은 사고의 방식을 바꾸고 정신 건강을 회복하는 데 있어 매우 중요한 단계다. 아래에 제시될 예시는 이 마지막 단계인 긍정적인 서사로 고쳐 쓰기의 개념을 다시 한 번 정리해 줄 것이다.

첫 번째 단계는 자신의 부정적인 자기 서사를 인식하는 것이다. 부정적인 자기 서사란 어떤 부정적인 사건이나 경험에서 비롯된 사고의 반복적인 패턴을 말한다. 예를 들어, 승진에서 탈락한 사람이 "왜 애써 노력했을까? 어차피 내겐 좋은 일 따윈 일어나지 않는데……."라는 생각을 떠올리는 경우가 그렇다. 이처럼 마음속에서 반복되는 부정적인 서사를 인식하는 일은 그 자체에 의구심을 품고 변화시켜 나가기 위한 가장 중요한 출발점이 된다.

두 번째 단계는 부정적인 자기 서사 아래에 숨어 있는 잘못된 믿음을 찾아내는 것이다. 잘못된 믿음은 자신과 타인, 그리고 세상에 대해 무의식적으로 품고 있는 전제나 가정을 뜻한다. 앞선 예시에서의 잘못된 믿음은 "내게는 좋은 일이 일어나지 않아"일 수 있다. 이러한 믿음은 대개 과거에 자존감이나 소속감 같은 기본적인 욕구가 충족되지 않았던 경험에서 비롯되는 경우가 많다.

세 번째 단계는 잘못된 믿음을 만들어낸 충족되지 않은 욕구를 찾아 표시하는 것이다. 위의 예시에서 충족되지 않은 욕구는 소속감이나 자존감일 수 있다. 승진하지 못한 경험으로 인해 이러한 욕구가 충족되지 않았고, 그로 인해 "내게는 좋은 일이 일어나지 않아."라는 잘못된 믿음이 생겨난 것이다. 자신의 부정적인 자기 서사, 잘못된 믿음, 그리고 충족되지 않은 욕구를 인식한 후에는 이제 그 이야기를 보다 긍정적이고 현실적인 방향으로 다시 써 내려갈 수 있다. 예를 들어, "왜 애써 노력했을까? 어차피 내겐 좋은 일 따윈 일어나지 않는데……."라는 부정적인 서사를 "이번에는 승진하지 못했지만 나는 계속 노력할 거야. 언젠가는 분명 좋은 기회가 찾아올 거야."라는 새로운 이야기로 바꿀 수 있다. 이 새로운 서사는 실패에서 오는 실망을 솔직히 받아들이면서도 앞날에 대한 희망과 다시 나아갈 힘을 함께 품고 있다.

부정적인 자기 서사를 고쳐 쓰는 일은 시간과 연습이 필요한 과정이다. 하지만 그만큼 우리의 정신 건강과 삶의 안녕을 지켜주는 강력한 도구가 될 수 있다. 잘못된 믿음에 의문을 던지고 충족되지 않은 마음의 욕구를 돌보는 과정 속에서 우리는 생각의 방향을 보다 긍정적이고 생산적인 흐름으로 바꿔갈 수 있다.

다음은 이러한 과정을 보여주는 몇 가지 예시들이다.

- **부정적인 자기 서사 인식하기**: 난 항상 멍청해.
- **잘못된 믿음 찾기**: 나는 별로 똑똑하지 않아.
- **충족되지 않은 기본 욕구 표시하기**: 자존감과 자기 가치에 대한 욕구
- **긍정적인 자기 서사로 고쳐 쓰기**: 나는 똑똑하고 유능한 사람이다. 다만 더 노력하고 나 자신을 믿을 필요가 있다.

- **부정적인 자기 서사 인식하기**: 난 해낼 수 없어. 나는 너무 부족한 사람 같아.
- **잘못된 믿음 찾기**: 나는 실패자야.
- **충족되지 않은 기본 욕구 표시하기**: 자존감과 자기 효능감에 대한 욕구

- **긍정적인 자기 서사로 고쳐 쓰기**: 지금은 쉽지 않은 도전이지만, 이 경험을 통해 배우고 성장할 수 있다. 꾸준히 노력하고 포기하지 않는다면, 결국 내가 원하는 목표에 닿을 수 있을 것이다.

- **부정적인 자기 서사 인식하기**: 난 항상 외로워.
- **잘못된 믿음 찾기**: 나는 사랑받지 못하는 사람이야.
- **충족되지 않은 기본 욕구 표시하기**: 소속감
- **긍정적인 자기 서사로 고쳐 쓰기**: 내 곁에는 나를 아끼고 지지해 주는 사람들이 있다. 나는 관계를 더욱 깊이 쌓아가며, 타인과의 연결 속에서 더 큰 만족과 따뜻함을 느낄 수 있다.

외재화 치료(이야기 치료)

외재화 치료는 고통스러운 기억에서 비롯된 불안을 자기 자신과 동일시하지 않고 거리를 둘 수 있도록 돕는 데 중점을 둔 독특한 형태의 치료법이다. 이 치료는 개인이 과거의 경험을 조금씩 내려놓을 수 있도록 이끈다. 기존의 전통적인 치료법과는 달리 외재화 치료는 트라우마를 자기 안에 깊이 자리한 일부로 보지 않고 자신 밖에 존재하는 독립된 존재로 인식하도록 도와준다.

우리가 고통스러운 기억과 경험으로부터 자신을 분리해 낼 수 있다면, 그 고통을 새로운 시각에서 바라보고 보다 긍정적이고 건강한 삶을 향해 나아갈 수 있게 될 것이다. 외재화 치료는 특히 트라우마를 겪은 이들에게 많은 변화를 가져다줄 수 있는 방법이다. 과거를 단순히 이겨내는 데서 그치지 않고 스스로 더 나은 미래를 만들어갈 힘을 되찾도록 돕기 때문이다.

외재화는 심리학자들이 자주 활용하는 기법 중 하나로 내담자가 자신의 문제를 마주하도록 도울 때 효과적인 방법이다. 문제에 사로잡혀 있을 때는 한 걸음 떨어져 바라보기가 어렵지만, 외재화는 문제나 증상을 자기 바깥에서 바라보게 하기 때문에 전체를 새롭게 조망할 수 있다. 심리 치료에서는 그리기 기법을 활용해 외재화를 실현하기도 한다. 문제를 '자기 밖'으로 꺼내는 순간, 우리는 개인적인 편견에 얽매이지 않고 그것을 면밀히 관찰할 수 있으며 그 속에 담긴 의미와 해결 방안에 대한 통찰력을 얻을 수 있다. 이 기법을 통해 내담자들은 부정적인 사고의 굴레에서 벗어나 자신의 문제를 보다 빠르고 효과적인 방식으로 풀어갈 수 있는 힘을 얻게 된다.

사람들은 종종 오랫동안 마음속을 짓눌러온 문제를 안고 치료실을 찾는다. 이러한 내면의 문제들은 완전히 이해되지 않은 채 마음속 깊이 남아 있으며, 불안이나 스트레스, 인간관계의 어려움 같은 증상으로 드러나곤 한다. 외재화는 이러한 문제를 자기 바깥에서 바라보고 들여다볼 수 있도록 돕는 접근법이다. 이를 통해 내담자는 자신의 문제를 새로운 시각으로 이해하고, 그 안에 담긴 통찰을 얻을 수 있다. 이러한 방식은 보다 빠르고 효과적인 해결로 이어질 수 있으며, 내담자가 삶 속에서 평온과 해답을 찾아가는 길을 열어준다.

그렇다면 외재화는 구체적으로 어떻게 작용할까? 불안은 온 마음을 잠식해 버릴 만큼 강력해서 그 안에 갇힌 듯한 느낌을 주기 쉽다. 우리가 스스로를 불안한 사람이라고 규정할수록 그 상태에서 벗어나기는 더 어려워진다. 하지만 끝없는 자기 반성에만 의존하지 않고 불안을 다룰 수 있는 다른 방법이 있다면 어떨까? 외재화는 바로 그 가능성을 열어준다. 불안을 그림으로 나타내고 이름을 붙이고 자신과 분리해 내는 과정을 통해 사람은 서서히 그 증상으로부터 거리를 두고 회복해 나갈 수 있다. 문제와 적당한 거리를 두게 되면 우리는 그것을 새로운 시각에서 바라볼 수 있게 되고 그 안에서 새로운 해결책을 발견하며 고통을 덜 수 있다. 외재화는 불안에서 벗어나 자신의 삶을 다시 살아갈 수 있도록 돕는 하나의 유용한 도구가 될 수 있다.

외재화의 가장 큰 이점 중 하나는 감정의 균형을 되찾는 데 있다. 내면의 문제로 마음이 힘겨울 때면 종종 무겁게 내려앉은 그 감정이 감당하기 어려운 고통으로 다가온다. 하지만 생각과 감정을 바깥으로 꺼내는 외재화 과정을 통해 우리는 심리적인 해방감과 평화를 회복할 수 있다. 감정의 균형을 되찾으면 문제를 보다 객관적이고 명확하게 바라볼 수 있다.

외재화의 또 다른 이점을 꼽으라면 자기 조절력 향상을 들 수 있다. 문제를 내면에 끌어안고 있을 때 우리는 종종 지금 겪고 있는 일을 통제할 수 없다고 느끼기 쉽다. 하지만 문제를 외재화하면 한 걸음 물러나 상황을 객관적인 시선으로 바라볼 수 있게 된다. 그렇게 거리를 두고 바라보면 어디서부터 행동을 시작할 수 있을지 스스로 판단하고 선택할 수 있는 힘을 조금씩 되찾게 된다. 이는 다시금 삶의 주도권을 회복하는 데 중요한 발판이 된다.

외재화는 문제 해결에 도움이 되는 새로운 자원을 발견하는 데에도 유용하다. 문제를 해결하는 일은 누구에게나 쉽지 않으며, 특히 마음이 막막할 때는 더욱 어렵게 느껴진다. 하지만 외재화를 통해 우리는 이전에는 떠올리지 못했던 도구나 자원들을 인식하게 될 수 있다. 시야가 넓어지면 그만큼 문제를 풀어갈 수 있는 새로운 길도 자연스럽게 눈에 들어오기 시작한다.

다음은 외재화와 문제 해결의 개념을 설명하기 위한 예시다. 한 남자가 직장에서 어려운 프로젝트를 맡았는데, 일이 좀처럼 풀리지 않아 답답함을 느끼고 있다. 평소에 써오던 문제 해결 방법들을 모두 시도해 봤지만 별다른 성과는 없었고, 그는 점점 더 좌절하면서 압박감에 시달리게 된다. 이럴 때 외재화 기법을 활용하면 그는 스스로에게 다음과 같은 질문을 던지며 상황을 다시 들여다볼 수 있다. "이 프로젝트가 유난히 어렵게 느껴지는 이유는 뭘까?" "지금 내가 마주한 구체적인 장애물은 무엇일까?" "이 문제를 해결하는 데 도움이 될 수 있는 자원이나 방법은 내게 무엇이 있을까?"

차근차근 질문에 답해 나가다 보면 문제가 이전과는 다른 시각으로 보이기 시작한다. 지금 힘든 이유가 혼자 모든 일을 감당하려 했기 때문이며 다른 사람들과 협업한다면 훨씬 수월해질 수 있다는 사실을 깨닫게 될지도 모른다. 어쩌면 이전에는 떠올리지 못했던 새로운 도구나 자원을 발견할 수도 있다. 예를 들어, 업무를 효율적으로 정리해 주는 소프트웨어 프로그램처럼 말이다.

이처럼 문제를 외재화하고 새로운 관점에서 바라보게 되면 이전에는 미처 떠올리지 못했던 해결책이나 자원을 하나씩 발견할 수 있다. 그 과정에서 자신의 문제 해결 능력에 대한 자신감이 생기고 보다 주도적으로 상황을 풀어 나갈 수 있는 힘이 생긴다. 이는 자연스럽게 좌절감을 완화하고 마음을 짓누르던 압박감도 덜어준다.

문제에 대한 책임감을 회복하는 것 역시 외재화의 중요한 이점 중 하나다. 너무 큰 어려움을 마주하면 우리는 상황을 통제할 수 없다는 느낌에 사로잡혀 막막해지기 쉽다. 하지만 외재화는 스스로 바꿀 수 있는 부분을 인식하고 거기서부터 책임감을 가지고 행동할 수 있도록 돕는다. 자신의 문제를 인식하고 외재화한 뒤 작은 실천으로 옮겨가는 과정을 통해 우리는 차츰 삶의 주도권을 되찾을 수 있다.

외재화는 자신의 믿음을 되짚어 보고 새로운 사고방식을 만들어가는 데에도 도움이 된다. 선입견은 때때로 우리의 성장을 가로막는다. 하지만 문제를 외재화하면 익숙한 생각에서 벗어나 새로운 관점을 실험해 보고 기존의 믿음에 의문을 던질 수 있는 여지가 생긴다. 생각과 감정을 외재화함으로써 우리는 스스로에게 부여했던 정체성과 거리를 두고 그 안에 숨겨진 다른 가능성을 바라볼 수 있게 된다. "나는 걸핏하면 화를 내는 사람이야."라고 생각하는 대신 "나는 가끔 화를 낼 때도 있지만 늘 그런 건 아니야."라고 바라볼 수 있게 되는 것이다. 이런 시각의 전환은 부정적인 자기 대화에서 벗어나 더 긍정적이고 유연한 자기상을 형성하는 데 도움이 된다.

불안은 우리에게 압도적인 모습으로 다가온다. 불안을 느낄 때면 우리는 무력감에 빠지고 때로는 삶의 균형이 무너질 만큼 괴로워지기도 한다. 하지만 다행히도 불안을 다루는 데 도움이 되는 한 가지 기법이 있다. 바로 이야기 치료다. 이 치료법은 불안을 외재화하여 하나의 독립된 존재처럼 바라보는 방식을 취한다. 불안을 자신과 분리된 대상으로 다루면서 그 감정이 자신에게 미치는 영향을 줄이고 잃어버렸던 통제감을 회복할 수 있도록 돕는다. 이야기 치료는 자신의 삶을 새로운 시각으로 다시 써보는 과정을 중심에 둔다. 이를 통해 우리에게 자신의 감정과 행동을 더 깊이 이해할 수 있는 통로를 마련해 준다. 불안에 갇혀있다는 느낌에서 벗어나 자신의 경험을 재구성하고 새롭게 바라보는 법을 배우게 되는 것이다.

시간과 노력을 기울인다면 불안은 점차 다스릴 수 있는 감정이 되고 마음속에 고요함과 평온함도 회복할 수 있다.

이야기 치료를 통해 불안을 외재화하는 과정은 다음의 네 단계로 이루어진다.

✦ 1단계: 불안을 외부의 힘으로 보기

첫 번째 단계는 불안을 자신의 일부가 아닌 외부에서 작용하는 힘이라고 바라보는 것이다. 이 단계의 핵심은 불안을 마치 자신의 성격이나 정체성의 일부처럼 여기는 태도에서 벗어나는 것이다. 대신, 불안을 언제든 찾아왔다가 사라지는 낯선 손님으로 정의한다. 이런 방식은 불안에 덜 집착하게 만들고 너무 개인적인 문제로 받아들이지 않도록 도와준다. 예를 들어 "나는 불안한 사람이야."라고 말하는 대신 "불안은 찾아왔다가 사라지는 감정일 뿐이야."라고 표현할 수 있다.

✦ 2단계: 불안에 이름 붙이기

두 번째 단계는 자신의 불안에 이름을 붙이는 것이다. 불안에 이름을 붙인다는 건 자신의 정체성과 불안을 분리해서 인식하고 감정과의 사이에 적당한 거리를 둔다는 뜻이다. 이는 불안이 언제, 어떻게 나타나는지 알아차리는 데도 도움이 된다. 예를 들어, 어떤 사람이 자신의 불안을 '걱정 괴물'이라고 이름 붙였다고 해보자.

✦ 3단계: 불안이 자신에게 미치는 영향 인식하기

이제 괴물의 정체를 파악했다면, 다음은 그 괴물이 어떻게 자신에게 영향을 미치는지 살펴볼 차례다. 불안의 영향을 인식하게 되면, 불안이 자신의 생각과 감정 그리고 행동에 어떤 영향을 미치는지 더 깊이 이해할 수 있게 된다. 이 과정은 불안이 자신의 삶에 어떤 영향을 미치고 있는지를 더 잘 이해하게 해주며 변화를 시작할 수 있는 출발점이 된다. 그러면 이런 표현이 가능해질 것이다. "걱정 괴물이 나타날 때면 다른 일에는 도무지 집중이 안 되고, 몸이 긴장되고 사소한 일에도 신경이 예민해져."

✦ 4단계: 자신을 전사로 상상하기

지금까지 걱정 괴물을 인식하고 자신에게 어떤 영향을

주는지도 알았다면, 그 다음에는 무엇을 해야 할까? 이제는 그 괴물과 맞설 준비를 할 차례다. 그 시작은 스스로를 전장에 선 전사처럼 상상해 보는 것이다. 이 단계에서는 과거에 불안을 다스리기 위해 사용했던 전략들을 떠올려보고 앞으로 시도할 새로운 도구나 방법들을 구상해 본다. 불안을 맞서 싸워야 할 외부의 적으로 바라보면, 그에 맞서 행동할 수 있는 힘과 용기를 스스로에게 불어넣기 쉬워진다. "걱정 괴물이 찾아오면, 나는 심호흡과 마음챙김을 통해 마음을 가라앉힐 거야. 그리고 걱정한다고 결과가 바뀌는 건 아니라고 스스로에게 말하면서, 더 나은 결과에 집중하려고 노력하겠어."라고 말하는 것이 그 한 예다.

이 네 가지 단계를 통해 불안을 외재화하면, 우리는 불안에 대한 인식을 바꾸며 이를 스스로 통제할 수 있게 된다. 연습을 거듭할수록 불안에 효과적이고 건강하게 대응하는 법을 익히게 되어, 더 충만한 삶을 살아갈 수 있다. 다음은 그 예시이다.

조앤은 시험 불안으로 어려움을 겪는 대학생이다. 중요한 시험이 다가올 때마다 불안과 극심한 스트레스에 시달린다. 조앤이 이야기 치료를 활용한다면, 다음과 같은 과정을 따를 수 있다.

- **불안을 외부의 힘으로 보기**: 먼저 "나는 불안한 사람이야."라고 말하는 대신, 불안을 자신을 괴롭히는 외부의 힘으로 생각한다. 그리고 스스로에게 이렇게 말한다. "시험을 앞두고 불안이 나를 긴장하게 만들고 있어."

- **불안에 이름 붙이기**: 그 다음 조앤은 자신의 불안을 '초조'라고 부르기로 한다. 이렇게 이름을 붙이면, 불안이 자신의 정체성의 일부가 아닌 오고 가는 일시적인 감정이라는 사실을 기억하는 데 도움이 된다.

- **불안이 자신에게 미치는 영향 인식하기**: 이제 조앤은 초조가 자신의 생각, 감정, 행동에 어떤 영향을 미치는지 살펴본다. 조앤은 말한다. "초조 때문에 공부에 집중하기가 힘들어. 계속 불안하고 안절부절못하고, 시험 걱정만 해"

- **자신을 전사로 상상하기**: 마지막으로 조앤은 자신이 초조와 싸우는 전

사라고 상상한다. 과거에 효과가 있었던 심호흡, 성공을 시각화하는 방법 등을 떠올리며 마음을 다잡는다. 그리고 시험 전에 잔잔한 음악을 듣거나 산책을 하는 등 새롭게 시도할 만한 전략들도 생각해 본다.

이처럼 조앤은 불안을 외부의 존재로 바라보고 이름을 붙인 뒤, 그것이 마음과 행동에 어떤 영향을 주는지 들여다본다. 그리고 불안에 맞서는 전사로 자신을 그려보며 시험을 준비하면서 점차 시험 불안을 통제할 수 있게 된다. 그 과정 속에서 조앤은 불안을 이해하고 내려놓으며 점차 자신감을 되찾고 스스로 준비된 느낌을 받을 수 있다. 시간이 흐르고 연습이 쌓이면서 조앤은 불안에 얽힌 오랜 이야기를 새롭게 써 나가고 그 감정을 예전과는 다르게 생각하고 느끼게 된다.

SUMMARY

- 사람들은 종종 머릿속에서 반복되는 부정적인 독백에 사로잡히곤 한다. 합리적 정서 행동 치료의 창시자인 앨버트 엘리스는 이를 '고약한 생각'이라고 불렀다. 부정적인 자기 서사는 자신이나 타인, 혹은 세상을 바라보는 비관적인 사고방식을 뜻한다.

- 이런 부정적인 자기 대화가 반복되면, 과거의 상처와 원망 속에 자신을 가둬두게 된다. 자신과 타인을 향한 비관적인 믿음이 더욱 강해지기 때문이다. 끊임없이 자신을 비난하고 좋지 않은 일에 집착하면 자기비판과 수치심이 악순환되고, 이는 무력감과 절망으로 이어질 수 있다.

- 외재화 치료는 고통스러운 기억으로 인한 불안에서 자신을 분리하도록 도와주는 치료 방식이다. 이 과정을 통해 사람들은 과거의 경험을 내려놓을 수 있다. 전통적인 치료법과 달리 외재화 치료는 트라우마를 자기 안에 있는 것이 아니라 외부의 힘으로 바라보도록 유도한다.

▌외재화의 가장 큰 장점 중 하나는 감정의 균형을 되찾는 데 있다. 내면의 문제로 고통받을 때, 감정은 쉽게 압도되고 스트레스를 유발할 수 있다. 하지만 생각과 감정을 외재화하면, 마음이 한결 가벼워지고 평온해지는 경험을 할 수 있다.

제5장

상처를
이겨내는 법

살다 보면 누구나 타인에게 상처를 받고 아픔을 겪게 마련이다. 그런 부정적인 경험을 떨치고 앞으로 나아가는 일은 쉽지 않다. 그러나 분노와 원망, 마음속에 남은 부정적인 감정을 계속 붙잡고 있다면 삶은 점점 고단해지고 만족스러움과는 멀어질 수밖에 없다. 이 장에서는 해로운 관계를 뒤로하고 더 나은 내일을 향해 나아가는 과정을 다룬다. 쉽지 않은 길이지만 그 끝에서 우리는 분명 해방감을 느낄 수 있을 것이다. 그것은 상처를 준 누군가를 용서하는 법을 배우는 여정이자, 동시에 내 마음을 억누르던 원망을 내려놓는 법을 익히는 시간이기도 하다. 관점을 조금만 달리해 보면 분노와 씁쓸함의 굴레에서 벗어나 치유와 성장을 향해 나아갈 수 있다. 해로운 사람들과 그들이 남긴 상처에서 벗어나는 데는 용기가 필요하다. 하지만 이 장은 그 첫걸음을 내딛는 데 필요한 힘과 방향을 알려줄 것이다.

해로운 사람을 멀리하기

　살면서 한 번쯤은 우리를 지치게 하고 숨 막히게 만들며 때로는 깊은 상처를 주는 사람을 만나게 된다. 우리는 이런 사람을 흔히 '해로운 사람'이라 부른다. 이들을 인식하고 적절히 대처하는 것은 삶의 질을 크게 높이고, 더 건강하고 긍정적인 삶으로 나아가는 길을 닦아준다. 하지만 해로운 사람들을 상대하는 일은 결코 쉽지 않다. 그들은 자신의 행동이나 의도를 교묘하게 숨기며 사람을 혼란스럽게 만들기 때문이다. 그러나 해로운 성향과 행동을 구분할 수 있다면 우리는 스스로를 더 잘 지킬 수 있다. 나아가 우리 안에 무심코 자리 잡은 부정적인 태도 역시 돌아보고 줄일 수 있을 것이다.

　'해로운 사람'이란 무엇인지 정의하는 일은 쉽지 않다. 그 안에는 다양한 성향과 행동이 복잡하게 얽혀있기 때문이다. 대체로 이들은 책임을 회피하고 잘못을 타인에게 돌리는 데 능숙하며 타인의 선의나 두려움을 교묘히 이용하고 상황을 자신에게 유리하게 조작하려 한다. 그들이 자주 쓰는 대표적인 전략 중 하나는 가스라이팅이다. 상대가 문제의 원인이 자신인 것처럼 느끼게 만들어 혼란에 빠뜨리고 자기 의심 속에 가두는 심리적 조작이다.

이처럼 부정적인 관계에 효과적으로 대처하려 무엇이 '해로운 행동'에 해당하는지 인식하고 정의하는 것이 매우 중요하다. 누군가를 '해로운 사람'이라 이름 붙이는 일은 유해한 행동 패턴을 파악하는 데 도움이 될 수 있다. 다만, 특정한 행동만으로 한 사람 전체를 섣불리 판단하지 않도록 주의해야 한다. 해로운 사람을 대할 때 가장 중요한 점은 그들의 행동이 우리 때문이 아니라는 사실을 기억하는 일이다. 우리는 해로운 행동을 받아들여서는 안 되지만, 동시에 상대를 존중하면서도 스스로를 지키는 방식으로 대응할 수 있다. 건강한 관계를 유지하거나 유해한 관계에서 벗어나기 위해서는 분명한 경계를 세우는 것이 필요하다. 그리고 때로는 그 사람이 왜 그런 방식으로 행동하게 되었는지를 이해하려는 태도 또한 중요하다. 그렇게 할 때 우리는 단절이 아닌 이해와 존중 속에서 보다 건강한 관계를 이어갈 수 있다.

여기서 한 가지 더 유념해야 할 점이 있다. 바로 자기 자신에게 솔직해지는 일이다. 우리 마음속에 해결되지 않은 부정적인 패턴과 핵심 신념이 쌓여있다면 그 부분을 고스란히 관계 속으로 끌고 들어갈 수밖에 없다. 그러면 그 신념은 관계 속에 나타나게 되며, 특히 상대방을 통해 그대로 반영된다. 예를 들어, 자신이 가치 없는 존재라고 깊이 믿는 사람은 종종 그 믿음에 아주 기꺼이 동조하며 자신을 함부로 대하는 사람과 관계를 맺게 된다. 그런 상대방이 '해로운 존재'인가? 물론 그렇다. 하지만 그 해로운 사람을 삶에서 지운다고 해서 애초에 그런 관계를 끌어들인 부정적인 사고방식과 신념까지 함께 사라지지는 않는다. 왜 어떤 사람들은 비슷한 상황에서 비슷한 유형의 사람들과 반복해서 엮이게 될까? 마음속에 남아있는 해결되지 않은 정신적·감정적 패턴이 결국 행동과 관계 속에서 같은 방식으로 되풀이되기 때문이다.

이 말이 결코 누군가가 나쁜 대우를 '받아 마땅하다'라거나 어떤 식으로든 그들에게 책임이 있다는 뜻은 아니다. 다만 지금 내 삶에 왜 유해한 생각이나 상황, 감정의 흐름, 반복되는 주제나 관계가 계속해서 나타나는지를 한 번쯤 스스로에게 물어볼 필요가 있다. 면역력이 약해지면 쉽게 바이러스에 감염되듯, 자존감이 낮거나 경계가 흐릿하거나 해결되지 않은 내면의 문제를 지닌 사람은, 그렇지 않았다면 신경조차 쓰지 않았을 '해로운' 사람들에게 반복적으로 휘말릴 수 있다.

해로운 사람을 삶에서 걷어내는 일은 우리의 안녕을 지키기 위한 필수적인 첫걸음이다. 그 시작은 자각으로부터 비롯된다. 해로운 사람은 우리를 정신적으로뿐만 아니라 감정적으로 지치게 만들고 자존감을 조금씩 무너뜨리며, 현실감을 왜곡시킬 수 있다. 이들은 지속적인 스트레스와 불안을 만들어내며, 결국 정신 건강은 물론 신체 건강에도 큰 타격을 입힌다. 특히 부부처럼 가까운 인간관계가 부정적일수록 심장병과 같은 건강 문제를 겪을 위험이 더 높다는 연구 결과도 있다. 스트레스와 갈등은 심지어 신체적 상처 치유 능력에도 영향을 미칠 수 있다(Kiecolt, 2005). 이는 마음과 몸 모두에 부정적인 흔적을 남긴다. 그렇기에 해로운 사람과의 인연을 끊어내는 일은 건강한 관계를 지키고 삶의 질을 온전히 회복하기 위해서 반드시 필요한 일이다.

해로운 사람은 자신도 모르는 사이 주변 사람들에게 전염처럼 퍼질 수 있다. 상사든 친구든 친척이든 연인이든 혹은 동료든 간에 그들의 부정적인 태도와 조종하는 듯한 행동은 어느새 우리의 생각과 행동 속으로 스며든다. 늘 불평만 하는 사람과 시간을 보낸 뒤 이유 없이 기분이 가라앉은 적이 있는가? 혹은 직장에서 힘든 하루를 보낸 후 사랑하는 이에게 괜히 짜증을 낸 적은 없는가? 이런 패턴은 대부분 무의식적으로 일어나기 때문에 스스로 알아차리기 어렵고, 한번 생기면 없애기도 쉽지 않다.

우리 삶에 어떤 사람이 해로운 사람이라고 느껴진다면 스스로에게 다음과 같은 질문을 던져볼 필요가 있다. 그 사람과 시간을 보낸 뒤, 몸이나 마음이 지치고 허탈한가? 그 사람을 만날 생각만 해도 불편하거나 꺼려지는가? 함께한 이후 내 삶에 대한 만족감이나 자신감이 줄어들었는가? 그 사람 때문에 내 신념이나 경계를 의심하게 되는가? 나의 욕구나 생각, 감정이 그 사람에게 무시당하고 있다고 느끼는가?

해로운 관계를 정리하지 못하고 계속 이어가는 것은 깊은 상처를 남길 수 있다. 그렇기에 해로운 사람들과의 인연을 내려놓는 일은 무엇보다 중요하다. 해로운 사람은 때때로 학대자와 비슷한 행동을 보이기도 한다. 일시적으로 다정한 말이나 사과를 건네지만 곧 다시 해로운 행동을 반복하는 것이다. 이런 악순환은 헛된 희망만 남기고 결국 또다시 그 관계로 끌려들게 만든다. 물론 해로운 사람과의 관계를 끊는 일은 결코 쉽지 않다. 특히 고려해야 할 요소가 많을수록 더욱 그렇다. 이때 관계의 배경과 맥락은 그 사람과 어떻게 거리를 둘지를 결정하는 데 중요한 기준이 된다. 예를 들어, 직장에서 해로운 동료와 함께 일해야 하는 상황이라면 그와 완전히 단절하기는 현실적으로 어려울 수 있고, 자칫 업무에도 영향을 줄 수 있다. 혹은 가족과의 전체적인 관계를 고려해 해로운 사촌과 불가피하게 관계를 이어가야 할 수도 있다.

하지만 해로운 사람과 완전히 단절할 수 없는 상황이라 해도 그들의 부정적인 영향으로부터 자신을 보호할 수 있는 경계를 세우는 것은 충분히 가능하다. 마음속으로 관계에 들일 시간과 에너지에 제한을 두고, 그 사람의 중요도나 역할을 다시 설정하며, 상호작용의 방식에도 명확한 경계를 세우는 것이다. 정신적 경계나 감정적 경계를 설정하는 것도 좋다. 그렇게 하면 해로운 사람과의 접촉을 피할 수 없는 상황에서도 그 관계가 어떤 의미이며 그 사람이 우리에게 얼마나 영향을 미치도록 둘 것인지는 스스로 결정할 수 있다.

결국 해로운 사람과의 관계를 끊는 데 완벽한 공식은 없다. 하지만 어려운 관계를 현명하게 다루는 데 도움이 되는 몇 가지 원칙은 분명 존재한다. 먼저 그 사람과 어느 정도 거리를 두어야 할지 결정하고 자기 자신을 지키기 위한 실질적인 조치를 취하는 것에서 시작할 수 있다. 중요한 것은 신체적 건강뿐 아니라 감정적인 평안까지도 삶의 우선순위에 두는 것이다. 그리고 나를 북돋워주고 진심으로 힘이 되어주는 사람들을 찾아 곁에 두어야 한다. 기억하자. 해로운 사람과의 인연을 끊는 일은 자기 돌봄이자 자기 사랑의 실천이다. 우리 모두는 건강하고 충만한 삶을 살아갈 자격이 있다.

거리 결정하기

해로운 사람과의 관계를 끊어내는 과정에서 어느 정도의 거리를 둘 것인지를 결정하는 일은 매우 중요한 단계다. 관계가 맺어진 맥락과 환경을 살펴보고 그에 따라 적절한 거리를 설정할 필요가 있다. 관계의 유형과 상황에 따라 취할 수 있는 거리는 다양하다.

한 가지 방법은 상대에게 명확히 알리지 않더라도 그 사람과 보내는 시간을 점차 줄여 나가는 것이다. 늘 에너지를 소모하게 만들고 정신적으로 지치게 하는 해로운 친구가 있다면, 함께 보내는 시간을 서서히 줄여가는 방식으로 거리를 두면 된다. 이러한 접근은 해로운 사람과 최소한의 기능적인 관계를 유지하면서도 그들의 부정적인 영향으로부터 자신을 보호하는 데 도움이 된다.

해로운 사람과 일정한 거리를 유지하거나 중간에 매개자를 두고 관계를 이어가는 것도 하나의 방법이다. 특히 그 사람이 직장 동료이거나 연인일 경우 이런 접근이 더욱 필요하다. 예를 들어, 해로운 동료가 있다면 꼭 필요한 만큼의 업무적인 소통만 유지하고, 가능하다면 다른 동료를 통해 간접적으로 소통하는 방식도 고려할 수 있다.

하지만 어떤 경우에는 그 사람의 행동이 너무 극단적이어서 자신을 보호하기 위한 유일한 방법이 모든 연락을 끊는 것일 수도 있다. 이런 상황에서는 더 분명한 방식으로 거리를 두는 것이 필요하다. 특히 해로운 사람이 부모나 오랜 친구, 연인과 같은 가까운 관계일수록 그래야만 한다. 이럴 때는 그 관계가 변화하고 있으며, 관계를 지속하고 싶다면 그들의 행동 역시 달라져야 한다는 점을 분명히 전달해야 한다.

어떤 사람이 정서적인 학대와 조종을 일삼는 해로운 부모를 두었다고 해보자. 그렇다면 부모에게 관계에서 잠시 거리를 두겠다고 말하고, 관계를 유지하고 싶다면 자신의 경계를 존중해야 한다는 점을 전달할 필요가 있다. 마찬가지로 신체적이거나 정서적으로 학대하는 해로운 연인이 있다면, 스스로를 보호하기 위해 그 관계에서 완전히 벗어나는 선택이 필요할 수도 있다.

결론적으로 해로운 사람과의 관계를 끊는 데 있어 어느 정도의 거리를 둘지 결정하는 일은 매우 중요한 단계다. 관계가 놓인 맥락과 특성을 충분히 들여다보고 그에 맞는 가장 현명한 방식을 선택할 필요가 있다. 한 사람과의 단절은 결코 쉬운 일이 아닐 것이다. 하지만 어떤 관계보다 소중한 것은 결국 우리 자신이며, 마음의 평화임을 잊지 말아야 한다.

경계 정하기

해로운 사람과의 관계를 정리하는 데 있어 경계를 정하는 단계는 매우 중요한 과정이다. 경계를 통해 우리는 관계의 주도권을 되찾고, 스스로를 지킬 수 있는 편안하고 단단한 마음의 공간을 마련할 수 있다. 다음은 경계를 어떻게 설정할 수 있는지 보여주는 예시들이다.

어떤 사람에게 늘 자신을 깎아내리고 삶의 선택에 대해 부정적인 말을 일삼는 친구가 있다고 가정해 보자. 그 친구와 완전히 관계를 끊고 싶지는 않지만 더 이상 그대로 두기보다는 분명한 경계를 세울 필요가 있다고 느낄 수 있다. 이럴 때는 그 친구에게 자신의 삶이나 선택에 대한 부정적인 발언을 더 이상 받아들이지 않겠다고 분명히 말하고, 자신의 선택을 존중해 주길 바란다고 전할 수 있다. 만약 그 친구가 이를 지키지 않는다면, 함께 보내는 시간을 줄이거나 특정한 대화 주제를 피하는 방식으로 관계를 조율할 수 있다.

이번에는 늘 뒷말을 하거나 소문을 퍼뜨리는 해로운 직장 동료가 있다고 해보자. 이럴 경우, 그 동료와의 소통에 분명한 경계를 세울 필요가 있다. "나는 더 이상 뒷얘기를 듣거나 끼고 싶지 않아. 다른 동료에 대한 부정적인 이야기도 더 이상은 나누고 싶지 않아."라고 직접적으로 말할 수 있다. 만약 이런 경고에도 불구하고 그 동료가 계속해서 부적절한 행동을 반복한다면, 그와는 업무에 필요한 최소한의 대화만 유지하거나 필요시 상사나 인사팀에 도움을 요청하는 것을 생각해 볼 수 있다.

마지막으로 개인적인 공간을 자꾸 침범하거나 경계를 무시하는 해로운 가족이 있는 경우를 생각해 보자. 이럴 때는 그 가족과의 관계에 물리적인 경계를 분명히 설정할 필요가 있다. 그 가족에게 "내 공간을 존중해 줬으면 좋겠고, 초대하거나 허락했을 때만 찾아오거나 연락해 줬으면 해."라고 솔직하게 말할 수 있다. 또한 함께 보내는 시간을 제한하거나 대화에서 다루고 싶지 않은 주제를 미리 명확히 정해 두는 것도 좋다.

이 모든 예시에서 가장 중요한 것은 스스로 더 이상 받아들이지 않겠다고 마음먹은 행동이 무엇인지 분명히 알고, 그 경계를 상대에게 명확하게 전달하는 것이다. 그리고 한번 세운 경계를 꾸준히 지키고 일관되게 적용하는 것이 필요하다.

그렇게 함으로써 우리는 스스로를 지킬 수 있는 편안하고 건강한 공간을 만들어 나가는 동시에 해로운 사람에게는 그들의 행동이 더 이상 용납되지 않는다는 분명한 메시지를 전할 수 있다.

소통 방식 정하기

해로운 사람과의 관계를 정리할 때 적절한 소통 방식을 결정하는 것은 매우 중요하다. 관계의 성격과 그에 따른 잠재적인 위험 요소를 고려해 가장 적절한 전달 방식을 신중히 선택해야 한다. 예를 들어, 해로운 상대가 연인이나 친구, 혹은 부모일 경우 직접 만나 대화를 나눠야 할 수도 있다. 하지만 언제나 안전이 최우선이라는 사실을 염두에 두고, 상대가 적대적이거나 폭력적으로 변할 가능성을 고려해 공개된 장소에서 만나는 것이 도움이 될 수 있다. 상황이 예상치 못하게 악화될 경우를 대비해 주변에 누군가 함께 있어주는 것도 좋다.

반면에 상대가 비교적 최근에 알게 된 지인이거나 직장 동료라면 간단한 이메일이나 문자 메시지로도 충분할 수 있다. 서면으로 소통하는 방식은 직장 내 갈등이나 법적 상황을 문서로 남기는 데도 유용하다. 또한 편지를 쓰는 것은 감정을 정리하는 데 도움이 되며, 감정적인 충돌 없이 자신의 생각을 차분하고 명확하게 전달할 수 있게 해준다.

상황에 따라서는 제삼자를 통해 소식을 전해야 할 때도 있다. 예를 들어, 친구를 통해 위험한 연인에게 관계를 끝내겠다는 말을 전하거나, 상사를 통해 문제가 있는 직원에게 일정한 거리를 두라고 요청하는 경우가 그렇다. 다만, 제삼자를 개입시키는 데 따를 수 있는 위험 요소 역시 신중히 고려해야 한다.

결국 가장 좋은 소통 방식이란 해로운 사람과의 관계가 가진 성격을 잘 반영하는 것이다. 동시에 자신을 가장 명확하고 안전하게 표현할 수 있고 그 상황에서 원하는 목적을 이룰 수 있는 것이어야 한다. 이는 짧은 전화 통화일 수도 있고, 며칠에 걸쳐 오가는 문자 대화일 수도 있으며, 공개된 장소에서 15분간 나누는 대화일 수도 있다. 이 모든 방식은 충분히 합리적이고 정당한 소통의 수단이므로 상황에 맞게 자유롭게 선택할 수 있다.

결정에 대해 설명하려고 애쓰지 않기

　누군가와의 관계를 끊을 때, 상대에게 자신의 결정을 자세히 설명해야 할 의무는 없다는 점을 기억해야 한다. 지나치게 설명하려 하면 오히려 상황이 악화될 수 있다. 해로운 사람들은 그 정보를 이용해 역으로 공격하거나, 결정을 번복하라고 설득하려 할 수 있기 때문이다. 따라서 자신의 결정을 명확하고 간결하게 전달하고, 불필요한 논쟁에 휘말리지 않는 것이 좋다.

　예를 들어, 해로운 연인과 이별을 결심한 경우 "우리가 각자의 길을 가는 것이 가장 좋을 것 같아."라고 간단히 말하면 된다. 굳이 그 관계 속의 모든 문제를 하나하나 설명할 필요는 없다. 마찬가지로, 친구나 직장 동료와 거리를 두려는 경우에도 "이 관계가 나에게 건강하지 않은 것 같아."라는 말 한마디면 충분하다. 중요한 건 상대를 설득하거나 납득시키기 위해 애쓸 필요가 없다는 점이다. 그 결정은 오롯이 자신의 것이며 자신에게 안전하고 존중받는 방식으로 그것을 전달할 권리가 있다.

　다시 말해, 소통을 할 때는 명확하고 간결하며 존중하는 태도가 핵심이다. 불필요한 논쟁에 휘말리거나 결정을 지나치게 설명하려 들지 않는 것이 좋다. 만약 상대가 설득하려 하거나 타협을 시도한다면, 더 이상 그 문제에 대해 이야기하고 싶지 않다는 점을 분명히 하며 경계를 세워도 괜찮다. 단, 누군가와 거리를 두거나 관계를 끊을 때는 어떤 형태로든 반응이 따를 수 있음을 미리 염두에 두어야 한다. 해로운 사람일수록 이러한 결정에 부정적으로 반응할 가능성이 크고, 때로는 극단적인 태도를 보이기도 한다. 그러나 그들의 반응은 우리의 결정이 잘못되었음을 의미하지 않는다. 누구에게나 관계의 방향을 새롭게 정의할 권리가 있으며, 자신의 안녕을 우선시할 자격이 있다.

어떤 경우에는 해로운 사람이 우리가 세운 새로운 경계를 무시한 채, 관계를 계속 이어가려 할 수도 있다. 우리의 공간이나 사생활을 지켜달라는 요청을 무시하거나, 죄책감을 유도하고 감정적으로 조종하려 하면서 연락을 지속할 수 있다. 이런 상황에서는 자신의 결정을 흔들림 없이 일관되게 지키는 것이 중요하며, 필요하다면 친구나 가족의 지원을 받는 것도 도움이 된다. 또한 그들의 반응이 불러일으킬 수 있는 감정들에 대비하는 것도 중요하다. 죄책감이나 수치심, 두려움 같은 감정이 들 수 있지만, 자연스럽고 충분히 예상 가능한 반응이라는 점을 기억하자. 경계를 세우고 스스로를 지키는 일은 익숙하지 않고 어렵게 느껴질 수 있다. 하지만 그건 성장과 자기 돌봄의 시작이니 결코 두려워할 일이 아니다.

어떤 사람에게 늘 부정적인 말과 끊임없는 불평, 비난으로 자신을 지치게 만드는 친구가 하나 있었다. 그는 여러 차례 진심을 담아 이야기해 보고 경계도 세우려 했지만, 달라지는 것은 없었다. 결국 자신의 정신 건강을 지키기 위해 그 관계를 정리하기로 결심했다.

그 결정을 친구에게 전할 때는 이렇게 말할 수 있다. "있잖아, 전하고 싶은 이야기가 있어. 나는 우리 우정에서 조금 거리를 두기로 했어. 지금 이 관계가 내게 유익하지 않은 것 같고, 내 삶과 행복에 집중할 시간이 필요하거든. 너의 앞날에도 좋은 일들이 함께하길 바랄게."

이에 대해 친구는 분노하거나 방어적인 반응을 보일 수 있다. "어떻게 나한테 이럴 수 있어? 내가 가장 힘들 때 날 버리는 거야?"라고 말하며 감정적으로 반응할 수도 있고, "정말 바꿔볼게. 제발 날 떠나지 마."라며 애원할 수도 있다.

하지만 어떤 반응이든 우리가 마음의 평화를 위해 내린 결정과는 상관없다는 점을 기억해야 한다. 우리에게는 자신의 정신 건강과 안녕을 우선시할 권리가 있다. 상대의 반응으로 마음이 무겁고 힘들 수 있지만, 흔들리지 않고 자신의 결정을 지킬 필요가 있다. 죄책감이나 감정적 조종에 휘둘려 마음을 바꾸지 않도록 주의하자.

따라서 자신이 세운 경계를 지키는 일은 무엇보다 중요하다. 해로운 사람과의 관계에서 한번 경계를 설정했다면, 그다음을 위해 필요한 건 그 경계를 흔들림 없이 유지하는 일이다. 이는 스스로 정한 선을 지켜내는 것을 의미한다. 그 방식에는 해로운 사람과 함께하는 시간을 줄이거나, 특정한 주제나 경험에 대한 대화를 피하는 것, 그리고 경우에 따라 완전히 연락을 끊는 일까지 포함될 수 있다. 이 과정에는 스스로에 대한 확신과 인내심이 필요하며, 미묘하게 그 경계를 넘보는 어떠한 작은 시도에도 경계심을 늦추지 않는 주의력도 요구된다.

디지털 시대에 우리는 온라인에서도 스스로를 보호해야 한다. 해로운 사람을 소셜 미디어에서 차단하거나 메시지를 필터링하고, 대응 방안을 미리 준비해 두는 것이 필요하다. 소셜 미디어는 단순한 소통 수단이 아니라 현실 세계의 연장선이다. 오늘날처럼 온라인에서 해로운 사람과 접촉할 여지가 많아질수록, 그들이 또 다른 방식으로 공격해오거나 그들에게 무심코 개인적인 정보나 약점을 노출하게 될 위험도 그만큼 커진다.

자신의 입장을 분명히 전달하는 것은 경계를 지키는 가장 좋은 방법이다. "미안하지만 지금은 이 대화를 할 수 없어."라거나 "당신이 화가 난 건 이해하지만, 지난 이야기를 다시 꺼내고 싶지 않아." 혹은 "앞으로 우리 관계는 이렇게 유지될 수밖에 없어." 같은 말로 자신의 입장을 전달할 수 있다. 이처럼 경계를 분명히 재확인하고 대화를 마무리하는 것은 우리 모두에게 주어진 정당한 권리다. 해로운 사람은 종종 정해진 경계를 다시 협상하려 들 수 있지만, 이런 시도에 응하는 것은 함정이 될 수 있다. 문제 있는 사람과 경계를 다시 정하려 해서는 안 된다. 단호하고 일관되게 경계를 지키는 것이 결국 자신의 안녕과 안전을 지키는 가장 확실한 길이다.

늘 자기 이야기만 하고 우리의 안부나 삶에는 좀처럼 관심을 보이지 않는 친구가 있다고 가정해 보자. 그런 관계가 오래 지속되면 마음이 점점 지치기 마련이다. 결국 우리는 그 친구와의 관계에 경계를 세우기로 결심한다. 그리고 상대방에게 솔직하게 이제는 내 이야기에도 귀 기울여주길 바라며, 좀 더 균형 잡힌 관계를 원한다고 말한다.

처음에는 친구가 상처를 받은 듯 반응하거나 화를 낼 수도 있다. "나는 네가 내 이야기에 관심 있는 줄 알았어." 혹은 "이제 와서 네 이야기만 하자니, 그건 너무 이기적이야."라고 말할지도 모른다. 이럴 때 중요한 것이 바로 경계를 지키는 일이다. 자신의 입장을 다시 한번 분명히 하고, 필요한 바를 정확하게 전달해야 한다. 예를 들어 이렇게 말할 수 있다. "나는 네가 소중하고, 너를 돕고 싶은 마음도 있어. 하지만 우리 우정이 서로에게 균형 잡힌 관계였으면 좋겠어. 나도 네가 내 이야기를 들어주고, 내 삶에도 관심을 가져주길 바래."

그다음으로 중요한 것은 한번 세운 경계를 지속적으로 유지하는 일이다. 친구가 여전히 대화를 독점하고 우리 삶에 관심을 보이지 않는다면, 다시 한번 경계를 분명히 말해야 한다. 그리고 필요하다면 함께 보내는 시간을 줄이는 것도 고려해 본다. 처음에는 쉽지 않겠지만 관계 속에서 자신의 정신적 안녕과 건강을 지키기 위해서는 경계를 끝까지 지키는 일이 꼭 필요하다.

용서하는 법을 배우기

용서는 자기계발이나 웰니스 분야에서 자주 등장하는 단어다. 하지만 용서가 진정으로 의미하는 바는 무엇일까? 많은 사람들이 용서란 과거를 내려놓고 앞으로 나아가는 일이라고 생각한다. 물론 틀린 말은 아니지만, 용서에 관한 단어 하나하나에는 과학적이고 심리학적인 깊은 의미가 담겨 있다. 용서를 배우기에 앞서, 먼저 용서가 무엇이 아닌지부터 분명히 이해할 필요가 있다. 용서란 자신에게 상처를 준 사람과 다시 절친이 되어야 한다는 뜻이 아니며, 그 일이 괜찮았다고 받아들이는 것도 아니다. 진정한 용서란 그 일이 일어났다는 사실을 있는 그대로 받아들이는 것이다. '그때 그러지 않았더라면…' 혹은 '그렇게 되었어야 했는데…'라는 생각에 머물지 않고, 지금의 현실을 인정하는 태도가 바로 용서다. 어떤 경우에는 사랑하지만 거리를 두는 것이, 또 어떤 경우에는 완전히 내려놓는 것이 용서일 수도 있다. 용서에 담긴 과학적 원리를 들여다보면, 우리는 그것이 현재의 삶뿐 아니라 미래에도 얼마나 큰 도움이 될 수 있는지를 깊이 이해하게 된다.

용서는 쉽게 정의 내리기 어려운 주제다. 때론 우리에게 상처를 준 사람에게 원한이나 분노를 품는 것이 더 자연스럽게 느껴지기도 한다. 하지만 연구에 따르면, 용서는 정신적·감정적 건강에 매우 유익할 수 있다(Worthington 외, 2007). 용서에는 세 가지 공통된 요소가 있다. 첫째는 가해자와 그 사건을 보다 균형 잡힌 시각으로 바라보게 되는 것, 둘째는 가해자에 대한 부정적인 감정을 줄여 나가는 것, 셋째는 그들을 벌주려는 마음을 내려놓는 것이다. 중요한 것은 용서가 상대방의 행동을 정당화하거나 그들에게 입은 상처를 축소하는 것이 아니라는 점이다. 오히려 용서는 분노와 상처라는 짐에서 스스로를 내려놓는 과정이다. 누군가는 용서를 나약함으로 보기도 하지만, 사실 상처를 내려놓고 앞으로 나아가는 데는 엄청난 용기와 힘이 필요하다. 그렇기에 우리는 용서를 나약함이 아닌, 자기 돌봄을 실천하는 강력한 방식으로 바라봐야 한다.

용서는 때로 잘 삼켜지지 않는 쓴 알약처럼 마음에 걸려 넘어가지 않는다. 하지만 인간이라면 누구나 한 번쯤은 마주하게 되는 삶의 한 과정이다. 한번 떠올려보자. 너무 오래 원한을 품은 나머지 그 감정이 마음과 머릿속을 온통 가득 채워버린 적이 있는지 않은지. 아마 많은 이들이 그런 경험을 해봤을 것이다. 하지만 용서는 단지 상대를 위한 것이 아니다. 실은 그 순간 가장 먼저 자유로워지는 사람은 바로 우리 자신이다. 오래된 분노와 상처를 내려놓는 것은 등에 짊어진 무거운 짐을 벗어버리는 일과 같다. 앙금과 부정적인 판단을 내려놓는 순간, 우리는 비로소 지금 이 순간을 살아가는 법을 배우고 과거의 그림자에서 한발 벗어날 수 있다. 물론 쉬운 일은 아니다. 하지만 일단 용서를 배우게 되면 삶은 훨씬 가벼워지며 그만큼 더 깊고 선명한 기쁨이 스며들 것이다.

용서는 모든 관계에서 핵심이지만 우리는 종종 그 중요함을 잊곤 한다. 사람은 저마다 세상을 바라보는 방식이 다르기에 오해는 피할 수 없으며, 그런 오해는 분노, 원망, 소외감으로 이어지기 쉽다. 하지만 적극적으로 용서를 실천하면, 그런 틈을 메우고 서로의 마음을 더욱 가까이 이끌 수 있다. 연인이든 친구든, 용서는 공감과 이해를 전하는 강력한 방법이 된다. 물론 언제나 쉽지는 않겠지만, 그만큼의 가치가 있다. 그러니 더 깊고 건강한 관계를 원한다면, 용서를 관계의 중심에 두어야 한다.

솔직히 말해 깊은 상처를 남긴 사람을 용서하는 건 결코 쉬운 일이 아니다. 특히 그 안에 배신이 있었다면 더욱 그렇다. 충격과 분노를 느끼는 건 지극히 자연스러운 일이며, 그런 감정을 억누르거나 외면해서는 안 된다. 우리는 그 감정을 있는 그대로 받아들이고, 무슨 일이 일어난 건지 파악할 시간을 가져야 한다. 상황을 차분히 되짚어 보고 그 배신이 남긴 영향을 인정하는 과정 속에서 우리는 그 일이 벌어진 이유와 맥락을 이해하기 시작할 것이다. 그리고 그 이해는 용서를 향한 첫 걸음이 되어줄 것이다.

용서는 전반적인 삶의 건강과 안녕을 지켜주는 강력한 도구가 된다. 연구에 따르면, 용서의 수준이 높은 사람일수록 더 건강한 생활 습관을 유지하고, 우울이나 불안, 분노와 같은 감정에도 덜 시달리는 것으로 나타났다(Toussaint 외, 2015). 이 효과는 단순히 개인적인 관계에만 국한되지 않는다. 배신을 겪은 부부 사이에서도 서로를 용서할 수 있었던 이들이 더 건강한 관계를 유지하고, 양육 면에서도 긍정적인 결과를 보였다. 무엇보다 놀라운 건 용서가 정서적인 면을 넘어 신체 건강에도 영향을 미친다는 사실이다. 용서의 수준이 높은 사람일수록 백혈구 수치와 적혈구 용적률 수치가 낮게 나타났다는 연구 결과는 이를 잘 보여준다(Toussaint, 2015). 이런 모든 결과는 용서가 단지 타인을 위한 선택이 아니라, 나 자신을 위한 중요한 결정임을 분명히 말해준다. 우리는 분노와 복수심이 마음을 잠식하도록 내버려 두기보다, 스스로 삶의 주도권을 쥐고 용서를 선택해야 한다.

용서의 네 가지 D

누군가를 용서하는 과정은 단순한 감정 조절을 넘어서 대인관계에 관한 노력까지 요구되는 복잡한 여정이다. 감정적 차원에서 용서란 상처를 준 사람에 대한 부정적인 감정을 내려놓는 힘든 과정을 포함한다. 이 과정은 때로 힘들고 아플 수 있지만, 결국 마음속 원망을 내려놓고 앞으로 나아가는 데 도움이 된다. 대인관계에서의 용서는 잘못한 사람을 향한 공감과 연민을 발견하는 것을 의미한다. 하지만 이것이 반드시 그 사람과 다시 관계를 맺어야 한다는 뜻은 아니다. 용서의 방식은 사람마다 다르며, 무엇보다 중요한 것은 용서가 타인을 위한 행위가 아니라 결국 나 자신을 위한 선택이라는 점이다. 이처럼 쉽지 않은 용서의 여정을 걸어갈 때, '용서의 네 가지 D'는 그 길을 비춰주는 유용한 이정표가 될 수 있다.

용서의 네 가지 D를 배우면 누군가를 용서하는 과정에 보다 체계적으로 접근할 수 있다. 각 단계는 자신의 감정을 되돌아보고, 여러 가능성을 고려하며, 마지막으로는 자신에게 가장 맞는 결정을 내릴 수 있게 도와준다.

✦ 첫 번째 D: 깊이 들여다보기

첫 번째 단계는 깊이 들여다보기 Deep-diving이다. 이 단계는 자신이 겪은 상처와 그로 인한 현재의 영향을 깊이 이해하는 데 초점이 맞춰져 있다. 구체적으로는 자신이 겪은 일을 글로 써보면서 그 일이 감정적 · 정신적 · 신체적으로 자신에게 어떤 영향을 미쳤는지 탐색하는 과정이다. 예를 들어, 연인에게 배신을 당한 상황을 떠올려보자. 이 경우 자신이 겪은 배신과 그로 인해 무너진 신뢰, 자존감, 안정감에 대해 글로 써볼 수 있다. 또한 그 과정에서 생겨난 분노, 슬픔 등 다양한 감정들을 함께 들여다볼 수도 있다. 이러한 글쓰기가 어렵거나 부담스럽다면 전문 상담가와의 대화를 통해 마음속 이야기를 풀어내는 것도 좋은 대안이 될 수 있다.

✦ 두 번째 D: 결정하기

두 번째 단계는 결정하기^{Deciding}이다. 이 단계에서는 용서가 자신에게 어떤 의미를 지니는지 깊이 생각해 보고, 용서할지 말지를 스스로 선택하게 된다. 우리는 이 과정에서 용서라는 개념을 돌아보며 그것이 나에게 어떤 의미인지 정의해 볼 수 있다. 예를 들어, 용서란 가해자에 대한 분노와 원망을 내려놓고 이미 벌어진 일을 바꿀 수 없다는 사실을 받아들이는 거라고 정의할 수 있다. 또는 상처를 준 사람과 화해하고 다시 관계를 회복하려는 노력이라고 정의할 수도 있다. 이처럼 사람마다 용서는 다른 의미일 수 있다.

따라서 이 단계에서 중요한 것은 단순히 '용서할지 말지'를 결정하는 것이 아니다. 지금 이 특정 상황에서 용서가 나에게 어떤 의미를 갖는지를 깊이 생각해 보는 것이어야 한다. 사람마다 용서에 대한 생각과 철학은 다르지만 무엇보다 중요한 건 그것이 자신의 세계관과 어떻게 맞물리는지를 고민하는 일이다. 용서를 통해 얻을 수 있는 이점과 그 과정에서 마주할 수 있는 어려움을 충분히 숙고한 뒤 그 의미를 스스로 정의하고 자신에게 가장 진실한 결정을 내려야 한다. 그것이 이 단계에서 해야 할 일이다.

✦ 세 번째 D: 행동하기

세 번째 단계는 '행동하기^{Doing}'이다. 이 단계에서는 상처를 준 사람의 입장에서 상황을 바라보며, 그들의 동기를 이해하고 자신의 감정과 화해하려는 노력이 필요하다. 즉, 가해자의 관점에서 그들의 행동을 이해하려는 시도를 통해 자신의 내면과 다시 연결되고자 하는 과정이라 할 수 있다. 여기서 주목할 점은, 이 단계가 앞선 두 단계를 거친 후에 이루어져야 한다는 것이다. 처음부터 상대방의 입장을 이해하려 애쓰거나 충분한 내면 정리가 되지 않은 상태에서 섣불리 용서하려 하지 않아도 된다. 상대방의 관점을 이해하는 일은 분명 통찰력을 주는 의미 있는 과정이지만, 그 전에 자신의 관점과 감정을 충분히 들여다본 뒤에야 비로소 더 수월하고 효과적으로 이뤄질 수 있다는 점을 잊지 말아야 한다.

연인이 자신을 배신한 상황에서, 그 사람이 왜 그런 행동을 했는지 이해하려는 노력을 한다고 해보자. 그는 이 관계에서 행복하지 않았던 걸까? 아니면 개인적인 문제로 힘든 시간을 보내고 있었던 걸까? 연인이 관계에 충실하지 않았던 이유가 나의 부족함 때문이라는 생각은 스스로에게 큰 상처가 될 수 있다. 하지만 그의 시선으로 상황을 바라보려 할 때, 나의 시각과 해석 너머에도 또 다른 의미와 복잡한 사연이 존재한다는 사실을 깨닫게 된다. 그 사람은 여전히 나를 사랑하면서도 동시에 다른 사람과 관계를 맺었을 수도 있다. 그런 입장이 내겐 도저히 이해되지 않지만, 그 사람에게는 가능했을 수 있다고 받아들이는 것만으로도 새로운 시야가 열리는 경험이 될 수 있다. 이처럼 상대방의 관점을 이해하려는 시도를 통해 우리는 화해를 향한 길을 찾아갈 수 있다.

✦ 네 번째 D: 깊어지기

네 번째 단계는 '깊어지기 Deepening'이다. 이 단계는 자신이 겪은 사건 속에서 의미를 발견하고 그로 인해 얼마나 성장했는지를 되돌아보는 과정이다. 이 단계에서는 용서를 통해 얻은 긍정적인 변화와 내면의 성장을 되짚어 볼 수 있다. 하지만 이 역시 서둘러서는 안 된다. 이해와 통찰은 시간이 지나면서 서서히 쌓여가는 법이므로 '이 정도면 이제 이런 감정을 느껴야 해.'라는 선입견 안에 억지로 끼워 맞출 이유는 없다.

연인의 배신을 용서하는 과정을 보자. 이를 통해 우리는 효과적으로 소통하는 법을 배우고 경계를 세우는 법을 익히며 자신의 직감을 더 신뢰하게 되었을 수 있다. 때로는 자신의 연약함을 받아들이고, 원하는 바를 분명히 요구할 수 있는 용기를 배우는 시간이 되기도 한다. 반면, 더 미묘하고 아픈 깨달음을 얻을 때도 있다. 예컨대 '사랑만으로는 충분하지 않다.'라는 사실을 알게 되는 것이다. 용서하고 앞으로 나아갈 수는 있지만 이미 벌어진 일을 되돌릴 수는 없으며, 어쩌면 관계를 끝내는 것이 가장 건강하고 바람직한 결말일 수도 있다는 걸 깨닫는 것이다. 그 교훈이 무엇인지 알기 위해서는 자신에게 인내와 연민을 가지고 이 과정을 천천히 통과해 나가는 수밖에 없다. 용서는 우리에게 끝맺음을 알게 해주고 마음의 평화를 가져다주며 과거로부터 벗어나 현재에 집중할 수 있도록 해준다. 우리가 경험 속에서 의미를 발견할 때, 그 경험은 더 이상 우리를 무겁게 짓누르는 과거가 아니라 우리를 더 깊고 단단한 사람으로 성장시키는 길이 되어줄 것이다.

결론적으로 용서의 네 가지 D는 누군가의 잘못으로 인해 깊은 상처를 입고 그들을 용서하는 데 어려움을 겪고 있는 사람들에게 유용한 길잡이가 되어준다. 이 네 단계를 따라가다 보면, 우리는 그 상황을 더 깊이 이해하고 신중한 결정을 내릴 수 있다. 또한 상대방의 관점을 이해하려는 시도를 통해 그 경험 속에서 의미와 성장을 발견하게 된다. 다음은 이를 보여주는 한 가지 예시이다.

- **깊이 들여다보기(Deep-diving)**: 제인은 가장 친한 친구인 사라에게 깊은 상처를 받았다. 제인이 털어놓았던 개인적인 이야기를 사라가 다른 사람들에게 퍼뜨린 것이다. 제인은 심한 배신감을 느꼈고, 분노와 실망이 뒤섞인 감정에 휩싸였다. 그 일 이후, 제인은 누구도 쉽게 믿지 못하게

되었고 그로 인해 주변 사람들과의 관계에도 점차 벽이 생기기 시작했다.

- **결정하기(Deciding)**: 제인은 용서가 자신에게 어떤 의미인지 깊이 생각해 보았다. 그녀에게 용서란 사라의 행동을 괜찮다고 여기는 것도, 그 행동을 정당화하는 것도 아니었다. 제인에게 있어 용서란 자신 안에 쌓여 있는 사라를 향한 분노와 원망을 내려놓기로 선택하는 일이었다. 그녀는 용서를 통해 얻게 될 이점과 감내해야 할 부담을 가늠해 보았다. 만약 용서한다면 그 고통에서 벗어나 앞으로 나아가고 다른 사람들과의 신뢰도 다시 쌓아갈 수 있을 것 같았다. 하지만 한편으론 사라가 같은 행동을 반복해 자신을 또다시 상처 입히는 건 아닐까 하는 두려움도 여전히 남아있었다.

- **행동하기(Doing)**: 제인은 왜 사라가 자신의 신뢰를 저버렸는지 이해해 보려 노력했다. 사라의 입장에서 생각해 보며, 그녀가 어떤 감정을 느꼈을지 헤아려보았다. 그러고는 사라에게 연락해 그녀의 행동이 자신에게 어떤 상처를 남겼는지 솔직하게 털어놓았다. 제인은 사라의 이야기를 귀 기울여 들었고, 두 사람 사이가 멀어지게 된 데 자신에게도 일부 책

임이 있음을 인정하며 사과했다. 그렇게 두 사람은 서로의 입장을 이해하게 되었고, 다시 우정을 회복하기 위해 함께 노력하기 시작했다.

- **깊어지기(Deepening)**: 사라를 용서한 뒤, 제인은 마음 깊은 곳에서 안도감을 느끼며 마침내 모든 일이 잘 마무리되었다는 생각이 들었다. 더 이상 분노와 원망을 짊어지고 있지 않아도 되었다. 배신을 용서하고 그로부터 자유로워질 수 있다는 가능성을 깨달은 순간이었다. 그녀는 이전보다 더욱 회복탄력성을 갖게 되었고, 타인을 믿을 수 있는 용기와 자신감도 되찾았다. 또한 관계 속에서 자신의 욕구와 경계를 분명히 표현하는 것이 얼마나 중요한지도 배웠다. 이 모든 경험은 제인이 한 사람으로서 성숙해지는 데 큰 밑거름이 되었고, 다른 사람들과의 관계도 한층 더 깊고 건강하게 발전할 수 있는 계기가 되었다.

자기 용서의 네 가지 R

자기 용서는 과거에 자신이 저질렀던 잘못된 행동이나 선택에 대해 자신에게 베푸는 친절이자 자신을 있는 그대로 받아들이는 행위이다. 이는 인간이라면 누구나 실수할 수 있으며 완벽하지 않아도 괜찮다는 사실을 인정하는 것이기도 하다. 타인을 용서하는 것과 달리, 자기 용서에는 내면을 깊이 들여다보는 성찰과 자신의 생각과 행동을 진지하게 마주하려는 용기가 필요하다.

결국 자기 용서란 자신의 행동에 책임을 지되 죄책감을 내려놓고, 과거에 머무는 대신 앞으로 나아가기로 선택하는 것을 의미한다. 타인을 용서하는 것이 그들에 대한 원망을 내려놓는 일이라면, 자기 용서는 자신을 향한 부정적인 감정을 내려놓고 자기 연민을 실천하는 일이다. 비록 쉽지 않은 일이지만, 자기 용서는 내면의 평화와 성장 그리고 더 충만한 삶으로 나아가는 중요한 첫걸음이다.

다음은 실수하거나 실패를 경험한 뒤, 앞으로 나아가는 데 도움이 되는 단계들이다. 각 단계별로 예시를 통해 자세히 살펴보자.

✦ 첫 번째 R: 책임

자기 용서의 첫걸음은 자신의 행동에 책임^{Responsibility}을 지는 것이다. 이는 자신이 실수를 했다는 사실을 인정하고, 그로 인한 결과를 기꺼이 받아들이는 것을 의미한다. 책임을 진다는 것은 변명하거나 다른 사람의 탓으로 돌리는 것이 아니라, 결국 내가 선택한 일이라는 사실을 인정하는 것이다.

예를 들어, 어떤 사람이 중요한 업무 마감일을 놓쳤다고 해보자. 계속해서 일을 미루다 결국 제때 끝내지 못했기 때문이다. 이때 책임을 진다는 것은, 시간 관리를 제대로 하지 못했다는 점을 인정하고 팀에 실망을 안겼다는 사실을 받아들이는 것이다. 실수를 인정하는 일은 결코 쉽지 않지만, 자기 용서를 위한 과정에서 반드시 거쳐야 할 단계임을 기억하자.

✦ 두 번째 R: 후회

자기 용서의 두 번째 단계는 자신의 행동에 대해 진심 어린 후회Remorse를 느끼는 것이다. 후회는 단순히 불편한 감정을 느끼는 것을 넘어 자신이 끼친 피해에 대해 깊은 유감과 슬픔을 느끼는 감정이다. 이러한 후회는 자신의 행동이 자신뿐 아니라 타인에게도 어떤 영향을 미쳤는지를 인식할 때 비로소 가능하다. 앞서 들었던 예시를 다시 떠올려보자. 자신의 책임을 인정한 후, 그 사람은 팀에 실망을 안겼다는 사실에 진심으로 후회할 수 있다. 마감일을 놓친 일이 동료들에게 불편을 끼쳤다는 점에 대해 죄책감을 느끼고, 자신의 미루는 습관이 단지 본인만의 문제가 아니라 동료들에게도 영향을 미치는 일이라는 것을 깨닫게 되는 것이다.

✦ 세 번째 R: 회복

자기 용서의 세 번째 단계는 훼손된 것을 회복Restoration하기 위한 행동에 나서는 것이다. 회복을 위해서는 잘못을 바로잡고 상황을 개선하려는 적극적인 노력이 있어야 한다. 여기에는 상처를 준 사람에게 진심으로 사과하거나 자신이 끼친 피해를 줄이기 위한 방법을 찾는 것도 포함된다. 앞의 예시에서 회복이란 팀원들과 함께 문제를 해결하기 위해 협력하거나, 지연된 업무를 보완하고 마무리하기 위해 최선을 다하는 것이 될 수 있다. 또한 상사나 동료들과 솔직한 대화를 나누며, 자신의 후회와 앞으로 더 나아지겠다는 다짐을 전하는 것 역시 회복의 한 방법일 수 있다.

✦ 네 번째 R: 재생

자기 용서의 마지막 단계는 재생Renewal이다. 이는 더 나은 방향으로 나아가겠다는 다짐과 함께 새로운 마음으로 삶을 이어가는 것을 뜻한다. 재생은 실수에서 배운 교훈을 성장과 변화의 기회로 삼는 일이기도 하다. 앞의 예시에서 책임을 인정하고 진심으로 후회하며 회복을 위해 노력한 뒤에는, 시간 관리를 더 잘하겠다는 다짐을 새롭게 할 수 있다. 구체적인 목표를 세우고, 미루는 습관을 줄이기 위한 방법을 마련하며, 동료들의 피드백에 귀 기울이는 등의 실천을 통해 자신에게 주어진 기대에 부응하려 애쓸 수 있다.

결국 자기 용서의 네 가지 R은 죄책감과 수치심의 굴레에서 벗어나, 실수와 실패를 내려놓고 다시 앞으로 나아갈 수 있는 힘이 되어준다. 우리는 책임을 지고, 진정한 후회를 느끼며, 회복을 위해 노력하고, 재생을 다짐함으로써 실수를 발판 삼아 더 단단하고 성숙한 존재로 나아갈 수 있다.

자기 자신을 용서하는 법 배우기

어떤 면에서 보면 타인을 용서할 때 거치는 과정과 원칙은 자기 자신을 용서할 때에도 똑같이 적용된다. 하지만 많은 사람들에게 있어 세상에서 가장 용서하기 어려운 대상은 바로 자기 자신이다. 우리는 어느새 자기 용서가 나약하거나 이기적인 일이라고 믿게 되었는지도 모른다. 하지만 기억해야 한다. 자기 용서는 자신에게 면죄부를 주는 것도 자신의 약점을 드러내는 것도 아니다. 그것은 자신의 행동을 있는 그대로 인정하고 이미 벌어진 일은 담담히 받아들이며 되돌릴 수 없는 과거에 얽매이지 않고 앞으로 나아가겠다는 의지의 표현이다.

물론 자기 용서에는 한 가지 중요한 전제가 있다. 바꿀 수 있는 것이 무엇인지 깊이 고민해 보고, 변화가 필요한 부분에 대해 실제로 의미 있는 행동을 취했는가 하는 점이다. 자기 용서의 과정에서 얻는 통찰과 교훈은 매우 깊고 강력하며, 그것은 우리 안의 결점과 보이지 않던 맹점을 부드럽게 비추는 빛이 되어준다. 그 빛은 우리를 부끄럽게 만들기 위한 것이 아니라, 오히려 그런 약한 부분들을 보완하고 성장할 수 있도록 이끌기 위한 것이다. 그러므로 자기 용서는 결코 자신을 속이거나 책임을 회피하는 일이 아니다. 오히려 그 반대다. 자기 용서란 자신에게 정직하고 현실적이면서도 자비로운 방식으로 책임을 지는 것이다.

자신의 감정을 이해하는 것은 자기 용서 과정에서 꼭 필요한 부분이다. 지금 느끼는 감정을 알아차리고 그 감정에 이름을 붙이는 것만으로도 죄책감이나 수치심 같은 감정을 누그러뜨리는 데 도움이 된다. 예를 들어, 사랑하는 사람의 마음을 상하게 한 일로 자신을 용서하지 못해 괴로워하는 상황을 가정해 보자. 이때 깊은 죄책감과 수치심에 사로잡힐 수 있다. 하지만 그 감정을 있는 그대로 인식하고 그것이 누구에게나 찾아올 수 있는 자연스럽고 건강한 반응임을 받아들이는 것만으로도 감정을 보다 잘 다스릴 수 있다.

자신의 행동에 책임을 지는 것 역시 자기 용서 과정에서 빠뜨릴 수 없는 중요한 단계다. 이는 단순히 실수를 인정하는 것을 넘어, 그로 인해 생긴 피해는 물론, 자신의 행동을 정당화하거나 합리화하려 했던 마음까지도 정직하게 들여다보는 것을 포함한다. 책임을 받아들이는 태도는 후회나 지나친 죄책감 같은 부정적인 감정에 빠지지 않도록 도와준다. 예를 들어, 어떤 사람이 친구에게 거짓말을 해 상처를 줬다고 해보자. 그는 죄책감을 느끼며, 그 거짓말이 친구를 위한 것이었다고 스스로를 합리화하고 싶어질 수도 있다. 그러나 책임감을 갖는 것은 그 거짓말이 잘못된 행동이었으며 친구에게 상처를 주었다는 사실을 솔직하게 인정하는 데서부터 시작된다.

자기 용서를 향해 나아갈 때, 자신에게 친절하고 자비로운 태도를 갖는 것은 매우 중요하다. 이는 실수를 인정하되, 동시에 자신을 비난하지 않고 연민 어린 태도를 유지하는 것을 의미한다. 직장에서 실수를 저질러 회사에 큰 손실을 입힌 사람이 있다고 해보자. 그는 자신을 실패자처럼 느낄 수 있다. 하지만 자신에게 친절하고 연민 어린 태도로 대한다면, 누구나 실수를 할 수 있다는 사실을 받아들이고 그 경험을 성장과 개선의 기회로 삼을 수 있다는 것을 깨달을 수 있다.

자신의 실수에 대해 진심으로 후회하는 마음을 표현하는 것도 자기 용서를 이루기 위한 중요한 부분이다. 잘못된 행동에 대해 죄책감이나 후회를 느끼는 것은 자연스러운 반응이며, 이러한 감정은 스스로의 행동을 바꾸는 동기가 될 수 있다.

이때 잊지 말아야 할 것은 죄책감과 수치심을 구분하는 일이다. 수치심은 자신이 나쁜 사람이라는 기분이 들게 만들어서 자존감 저하나 중독, 우울, 분노와 같은 부정적인 감정으로 이어질 수 있다. 반면 죄책감은 자신이 잘못된 행동을 했음을 인정하되 그로 인해 자신의 본래 가치를 부정하지는 않는다.

자기 용서를 구하는 과정에서도 잘못을 바로잡고 진심으로 사과하는 일은 매우 중요하다. 자신의 행동으로 누군가에게 상처를 주었다면, 그 관계를 회복하려는 노력은 죄책감을 덜어내고 치유를 시작하는 데 큰 도움이 된다. 앞선 예시처럼 친구에게 거짓말을 했던 사람이라면, 진심으로 사과하고 무너진 신뢰를 다시 쌓기 위해 꾸준히 노력해야 한다. 경험을 통해 교훈을 얻고, 더 나은 사람이 되기 위해 노력하는 것은 자기 용서의 마지막 단계다. 실수를 인정하고 진심으로 후회하며 관계를 위한 노력을 다한 뒤에는, 그 경험을 성장과 변화의 기회로 삼을 수 있다.

만약 친구에게 거짓말을 했다면, 왜 그런 거짓말을 하게 되었는지 돌아보고 앞으로는 어떻게 하며 더 솔직하게 소통할 수 있을지 고민해 보아야 한다. 이러한 성찰은 더 나은 사람이 되기 위한 바탕이 되며, 같은 실수를 반복하지 않도록 도와준다. 다음은 자기 용서를 이루는 전 단계를 간략하게 돌아볼 수 있는 예시이다. 가까운 친구에게 상처되는 말을 해 관계가 소원해졌다고 해보자. 처음에는 별일 아닌 듯 애써 넘기려 하지만, 시간이 지날수록 그 일이 자꾸 떠오르고 죄책감이 마음 한편에 남는다.

- **1단계: 자신의 감정 이해하기**

  먼저 자신이 느끼는 감정을 알아차리고, 그 감정에 이름을 붙이는 것부터 시작한다. 죄책감, 수치심, 후회와 같은 감정이 떠오른다면, 그것을 있는 그대로 인식한다.

- **2단계: 자신의 행동에 책임지기**

  자신이 했던 말이 친구에게 상처를 주었다는 사실을 깨닫고, 그에 대해 사과하고 관계를 회복할 책임이 자신에게 있음을 받아들인다.

- **3단계: 자신에게 친절과 연민 베풀기**

  이 상황을 자기 연민의 시선으로 바라보려 노력한다. 실수를 인정하되,

누구나 실수할 수 있다는 사실을 기억한다. 그러므로 여전히 자신은 좋은 사람이며 더 나아질 수 있다는 믿음을 스스로에게 되새긴다.

- **4단계: 진심 어린 후회 표현하기**

  친구에게 연락해 자신이 한 말에 대해 진심으로 사과한다. 상처를 준 사실을 솔직히 인정하고, 그에 대한 책임을 진다.

- **5단계: 사과하고 관계 회복을 위한 노력하기**

  진심 어린 사과와 함께 상황을 바로잡기 위해 자신이 할 수 있는 일이 무엇인지 친구에게 묻는다. 친구가 제안하는 일이 있다면, 그것을 실천에 옮기기 위해 적극적으로 노력한다.

- **6단계: 경험에서 배우기**

  자신이 왜 그런 말을 하게 되었는지 돌아보고, 그 안에 어떤 감정이나 상황이 있었는지를 이해하려 노력한다. 친구 역시 그 당시 자신이 스트레스와 압박감을 받고 있었음을 이해해 줄 수는 있지만, 그렇다고 해서 상처를 주는 말이 정당화되는 것은 아니라는 점을 함께 인식한다. 이후에는 감정과 스트레스를 더 건강하게 다루기 위한 방법을 고민하고, 실제 삶 속에서 실천해 나간다.

• **7단계: 더 나은 사람이 되기 위해 노력하기**

이번 경험을 통해 얻은 깨달음을 바탕으로, 앞으로 같은 실수를 반복하지 않겠다는 다짐을 한다. 친구와의 관계에서도 꾸준히 자신을 점검하고, 더 성숙한 방식으로 관계를 이어가기 위해 노력한다. 이러한 과정을 통해 우리는 자신의 행동에 책임을 지고 자신에게 연민을 베풀며 친구와의 관계를 회복하기 위해 진심으로 노력하게 된다. 동시에 이런 경험을 통해 중요한 교훈을 얻고, 더 나은 사람으로 성장하는 길을 향해 한 걸음 내딛게 된다.

조망수용으로 원망을 내려놓기

조망수용*perspective-taking*이란 타인의 입장에서 상황을 바라보는 능력을 말한다. 이는 마음속 원망을 내려놓는 데 있어 강력한 힘을 발휘하는 능력이다. 다른 사람의 시선으로 상황을 바라보고 그가 왜 그런 행동을 했는지를 이해하려 할 때, 우리는 자신 안에 쌓여있던 분노와 상처에서 조금씩 벗어날 수 있기 때문이다. 상처와 분노에 휩싸여 있을 때는 상대의 입장이 잘 보이지 않는다. 하지만 잠시 한 걸음 물러서서 그 사람의 시선으로 세상을 바라보려 노력하면, 그 안에서 공감의 실마리를 발견할 수 있다. 그렇게 공감이 싹트면 닫혀있던 용서의 문이 서서히 열리기 시작할 것이다. 문제의 해답은 종종 우리가 보지 못하는 사각지대에 숨어 있다. 그러므로 잠시라도 타인의 세계로 들어가 그 안을 들여다보아야 한다. 그때에야 비로소 이해와 공감이 가능해지며, 서로를 향한 진솔한 소통이 가능해질 것이다.

이처럼 타인의 관점에서 사물을 바라보는 능력인 조망수용은 사회적 상호작용과 의사소통에서 매우 중요한 요소로 관계 형성, 공감, 이해를 쌓는 데 필수적이다(Galinsky, 2010). 앞서 언급했듯이 조망수용에는 자신의 인지 상태에서 벗어나 타인의 정신 상태로 전환하는 과정이 포함된다. 이러한 마음의 전환은 조망수용의 핵심이며, 이를 위해서는 작업 기억력, 주의력, 인지적 유연성과 같은 실행 기능 기술이 필요하다.

한 교사를 예로 들어보자. 그는 수업에 집중하지 않는 한 학생 때문에 답답함을 느끼고 있었다. 그런데 그 상황을 학생의 관점에서 바라보면, 학생은 가정에서 힘든 시간을 보내고 있었고 그로 인해 수업에 집중하기 어려운 상태였음을 알 수 있다. 교사의 입장에서는 이러한 행동이 수업을 방해하는 문제로 보이기 쉽고, '말썽'이나 반항, 혹은 일부러 교사를 자극하려는 태도로 해석될 수 있다. 하지만 학생의 시선에서는 전혀 다른 이야기가 펼쳐진다. 그에게 교사는 단지 냉담하고 요구만 많은 어른일 뿐이며, 자신이 진짜 힘들어하는 것이 무엇인지 들으려 하지도, 관심을 가지지도 않는 사람으로 느껴질 수 있다.

교사와 학생이 각자의 관점에 갇혀 있는 한, 서로를 온전히 이해할 수 없고 갈등은 계속될 수밖에 없다. 상황이 달라지기 위해서는 두 사람 중 누구든 잠시 자신만의 좁은 시야에서 벗어나 상대의 입장을 헤아려보려는 노력이 필요하다. 어쩌면 학생은 교사를 괴롭히려는 의도가 전혀 없었을 수도 있다. 어쩌면 교사는 지루하고 무관심한 어른이 아니라 진심으로 자신을 이해하고자 하는 사람일 수도 있다. 이러한 관점의 전환을 통해 교사는 학생의 입장을 더 잘 이해하고, 그에 맞는 방식으로 다가가 도움을 줄 수 있게 된다. 동시에 학생 역시 자신이 처한 상황을 바라보는 시선을 바꿀 수 있고, 이는 결국 자기 자신에게도 도움이 될 것이다.

조망수용은 단순한 사고 활동이 아니라 뇌의 여러 영역이 함께 활성화되는 복잡한 인지 과정이다. 연구에 따르면, 사람들이 타인의 정신 상태를 이해하려 할 때, 배외측 및 배내측 전전두엽, 측두두정엽 접합부, 그리고 설전부와 같은 여러 뇌 영역이 활성화된다고 한다(Wu 외, 2017).

의사가 환자의 증상을 이해하려 할 때를 생각해 보자. 이

때 의사는 자신의 사고 틀을 전환해, 환자의 병력이나 생활 습관, 그 외 증상에 영향을 줄 수 있는 다양한 요인들을 함께 고려해야 한다. 이러한 과정에는 사회적 인지, 작업 기억, 주의력, 심상 등에 관여하는 여러 뇌 영역의 복합적인 작용이 필요하다.

조망수용은 공감과 이해를 형성하는 데 꼭 필요한 과정이다. 우리는 타인의 관점에서 상황을 바라보려 할 때, 자연스럽게 상대의 감정과 동기를 더 깊이 이해하고 공감할 수 있게 된다. 따라서 관계에 어려움을 겪고 있는 커플이라면 서로의 욕구와 감정을 이해하기 위해 조망수용을 실천할 필요가 있다. 이는 사고의 틀을 전환해 상대의 입장에서 생각해 보려는 노력을 통해 서로에 대한 공감과 이해를 키워가는 과정이 될 것이다.

결론적으로 조망수용은 타인의 관점을 이해하기 위해 사고의 틀을 전환하고 관련된 뇌 기능을 활성화하는 중요한 인지 과정이다. 이를 통해 우리는 공감과 이해의 폭을 넓혀갈 수 있다. 조망수용은 사회적 상호작용과 의사소통에 필수적인 능력이며, 더 건강한 관계를 형성하고 타인에 대한 깊은 공감과 진정한 이해로 이어질 수 있다.

반면에 원한을 품는 일은 위험하지만 이상하게도 묘한 만족감을 줄 때가 있다. 원한은 자신에게 상처를 준 사람을 판단하고 그들보다 우월하다고 느끼게 하며, 분노와 상처를 며칠, 몇 달, 심지어 몇 년 동안이나 마음속에 간직하게 만든다. 요크대학교에서 용서, 복수, 원한을 연구하는 C. 워드 스트러더스 C. Ward Struthers 교수에 따르면, 원한은 일종의 자기방어 수단이다. 사람들은 부정적인 감정을 마음속에 품음으로써, 앞으로 또 다른 상처를 입지 않도록 자신을 지키려 한다.

스트러더스에 따르면 원한이란 오랜 시간 지속되는 상처와 분노의 감정으로, 시간이 지나며 잦아들 수는 있지만 상황에 따라 언제든 다시 타오를 수 있는 감정이다. 위스콘신대학교의 교수이자 국제용서연구소 설립 이사인 로버트 엔라이트 Robert Enright는 원한은 스펙트럼상에 존재한다고 설명한다. 어떤 원한은 쉽게 놓을 수 있는 반면, 어떤 것은 깊은 증오로까지 번질 수 있다는 점에서 그렇다. 스트러더스는 원한이 평생 지속될 수 있다고 보는 반면, 엔라이트는 용서를 통해 깊은 원망도 결국은 내려놓을 수 있다고 말한다.

원한이 어떻게 형성되는지를 이해하는 것은 그것이 삶에 미치는 영향에서 벗어나기 위한 첫걸음이 될 수 있다. 비록 아직 용서할 준비가 되지 않았더라도 원한이 결국 자신에게 도움이 되지 않으며 장기적으로는 해로울 수 있다는 점을 인식하는 것이 중요하다.

엘리자베스 반 몬스주Elizabeth van Monsjou는 스트러더스의 연구실에서 활동한 사회심리학자로, 원한을 품는 사람들에게서 나타나는 공통된 심리적 패턴을 밝혀냈다. 원한은 대개 어떤 잘못이나 해로운 사건을 겪으면서 시작된다. 피해자는 그 일로 인해 불편함을 느끼고 자신의 감정을 정당화하기 위해 주변 사람들에게 그 이야기를 반복해 들려준다. 하지만 시간이 지나도 그 일을 놓지 못하고 계속 곱씹게 되면, 마음속에 원한이 자리 잡기 시작한다. 그 과정에서 자신과 상대방에 대한 부정적인 생각과 감정이 쌓이고, 어느 순간 감정이 임계점에 이르면 원한으로 굳어진다.

시간이 흐르면서 강렬했던 분노는 서서히 누그러지고, 결국 자신이 원한을 품고 있다는 사실을 받아들이게 되는 수용의 단계에 이른다. 그러나 익숙한 노래나 지나간 기억 같은 사소한 자극에도 감정의 고리가 다시 살아나고, 자신을 정당화하려는 마음과 함께 분노가 되풀이되는 악순환이 시작될 수 있다. 이런 순환은 다음 자극이 찾아올 때까지 계속된다.

　잘못과 그 잘못을 저지른 사람에 대해 담담해지기 위해서는 상황을 둘러싼 맥락을 이해하는 과정이 필요하다. 처음 상처를 입었을 때는 감정이 날것처럼 생생하고, 도대체 왜 그 사람이 그런 행동을 했는지 의문이 들 수 있다. 몬스주는 이럴 때 상대의 동기를 이해하려고 시도해 보라고 조언한다. 물론 쉽지 않은 일이지만, 그 사람이 나의 행동을 어떻게 받아들였으며 그 일이 그들의 감정에 어떤 영향을 미쳤는지를 생각해 보는 것은 반드시 필요하다. 몬스주는 분노를 풀기 위해 타인의 행동만을 성급히 판단하는 것을 경계해야 한다고 말한다. 중요한 것은 상대를 단죄하는 것이 아니라 그 행동이 어떤 배경이나 감정에서 비롯됐는지를 이해하려는 태도다.

　한편, 엔라이트는 타인에게 상처를 준 사람이 의도 없이 그런 행동을 했을 수도 있다고 말한다. 처음에는 크고 중요한 일처럼 느껴졌던 사건도 관점을 달리해 다시 바라보면 그만큼 큰일이 아니었음을 깨닫고 놓아줄 수 있게 된다는 것이다.

엔라이트는 또 상대가 해를 끼치려는 의도가 전혀 없었을 가능성도 함께 고려해 보라고 제안한다. 예를 들어, 그 사람이 아이의 병간호로 정신이 없어 우리에게는 매우 중요했던 자선 행사를 깜빡했을 수도 있다. 당시 그 일은 그 사람에게는 그렇게까지 중요하지 않았던 것이다. 이렇게 상대의 입장에서 상황을 바라보면, 처음 느꼈던 감정의 크기가 줄어들고 원망을 내려놓고 앞으로 나아갈 수 있다.

조망수용은 타인을 있는 그대로 이해하기 위해 반드시 거쳐야 할 과정이다. 누군가에게 상처를 받으면, 우리는 종종 그 사람을 본질적으로 나쁜 사람이라고 단정 짓고 옳고 그름만을 기준으로 판단하게 된다. 하지만 조망수용은 이런 흑백논리에 회색 영역을 더해주며, 사람을 절대적으로 선하거나 악한 존재로 규정하려는 사고에서 벗어날 수 있도록 돕는다. 마음을 열고 유연한 태도를 유지하며 때로는 호기심을 가지고 바라본다면, 하나의 사건도 다양한 시선으로 새롭게 볼 수 있다. 물론 타인의 입장에서 상황을 이해하는 일은 결코 쉽지 않다. 우리는 자신이 느끼는 감정과 생각에 익숙해져 있기에, 그것을 잠시 내려놓고 상대의 관점을 받아들이는 것이 낯설고 어렵게 느껴질 수 있다. 그럼에도 불구하고 타인의 관점을 이해하기 위해 시도해 볼 수 있는 몇 가지 구체적인 단계들이 있다.

다양한 관점에서 상황을 바라보기 위한 첫 번째 단계는 지금 벌어지고 있는 갈등을 정확히 들여다보는 것이다. 우선 그 상황을 차분히 떠올리며, 누가 관련되어 있는지, 그 일이 자신에게 어떤 감정을 불러일으키는지를 살펴본다. 갈등의 상대는 친구, 가족, 직장 동료일 수도 있고, 전혀 모르는 사람일 수도 있다. 그 갈등에 대해 떠오르는 생각과 감정을 솔직하게 글로 적어보고, 자신이 취하고 싶은 행동이 있다면 그것도 함께 기록해 본다. 이 과정의 목적은 상황을 분명히 인식하는 데 있으므로 자신에게 최대한 솔직해지는 것이 중요하다.

또 한 가지 중요한 점은 지금 겪고 있는 갈등의 이면에 어떤 감정이 자리하고 있는지를 들여다보는 일이다. 이를테면, 친구가 약속을 취소했을 때 상처 받은 감정은 단지 그 일이 벌어졌기 때문만은 아닐 수 있다. 어쩌면 자신이 무시당했다고 느끼거나, 중요하지 않은 사람처럼 여겨졌거나, 심지어 거절당한 듯한 감정을 느꼈기 때문일 수 있다. 이처럼 겉으로 드러난 사건 너머의 감정을 이해하게 되면, 갈등을 보다 건설적으로 풀어갈 수 있는 길이 열린다.

자신의 관점에 대해 어느 정도 명확하게 정리했다면, 이제는 상대방의 입장에서 상황을 바라볼 차례다. 그 사람의 입장이 되어 상황을 어떻게 보고 있을지를 상상해 본다. 그들의 의도는 무엇이었으며, 이번 갈등에 대해 어떤 감정을 느끼고 있을지를 생각해 보는 것이다. 이 과정에서도 생각을 글로 써 보면 그 관점을 더 선명하게 받아들이는 데 도움이 된다. 예를 들어, 직장 동료가 자신의 성과를 가로챘다고 느낀다면 그 사람이 왜 그런 행동을 했는지 상상해 보자. 어쩌면 실적 압박에 시달리고 있었거나 일자리를 잃을까 봐 불안했을 수도 있다. 혹은 그 행동이 다른 사람에게 어떤 영향을 줄지 미처 인식하지 못했을 수도 있다. 이렇게 상대의 관점을 이해하려고 노력하면 더 공감적인 태도로 상황을 다룰 수 있다.

상대방의 관점을 충분히 고려해 보았다면 다시 자신의 관점으로 돌아와 1단계에서 제시됐던 질문들에 다시 답해본다. 처음과 비교해 생각이 달라졌는가? 상대의 관점을 이해하려고 노력한 것이 갈등을 새로운 시각으로 바라보는 데 도움이 되었는가? 예전에는 보이지 않던 해결의 실마리가 이제는 떠오르는가? 이러한 과정을 통해 우리는 더 넓은 시야를 갖게 되고, 갈등 상황에도 이전보다 한결 건설적으로 다가설 수 있게 된다.

우리는 상황을 다양한 관점에서 바라보려는 태도를 통해 자기 자신은 물론, 타인에 대해서도 더 깊이 이해할 수 있게 된다. 이러한 시도는 갈등에 보다 건설적으로 접근하는 데 도움이 되며, 결국 더 긍정적인 결과로 이어질 수 있다. 다음은 그 과정을 좀 더 자세히 보여주는 예시이다.

- **1단계**: 자넷은 룸메이트인 샐리와 갈등을 겪고 있다. 두 사람은 아파트 청소 문제로 자주 다투는데, 자넷은 샐리가 청소를 공평하게 하지 않는다고 느끼며 답답해하고 화가 난 상태다. 자넷은 이 문제에 대해 샐리와 대화를 나누고 싶지만, 말다툼으로 번지지 않고 어떻게 자신의 감정을 표현해야 할지 고민 중이다.

자넷은 잠시 시간을 내어 자신의 생각과 감정을 글로 써 보았다. 그러면서 그녀는 이 갈등의 핵심이 단순히 청소 분담의 문제가 아니라, 샐리에게 존중받지 못하고 소중하게 여겨지지 않는다고 느끼는 데 있다는 것을 깨달았다. 자넷은 샐리가 방어적으로 반응하지 않도록 조심스럽게 자신의 감정을 전달할 방법을 찾고자 한다.

- 2단계: 자넷은 샐리의 입장이 되어 보려고 노력한다. 그러면서 샐리가 이 갈등을 어떻게 느낄지를 생각해 보았다. 샐리는 자신도 나름대로 청소를 하고 있다고 느낄 수 있으며, '청결'에 대한 기준 자체가 자넷과 다를 수도 있다. 자넷의 지적이 공격처럼 느껴졌기 때문에 방어적인 반응을 보인 것일 수도 있다. 어쩌면 샐리는 학업과 일로 인해 지쳐서 청소에 신경 쓸 에너지가 없었을지도 모른다. 자넷은 이렇게 샐리의 관점에서 정리한 생각들을 잠시 시간을 내어 글로 적어본다.

- 3단계: 샐리의 관점에서 충분히 생각해 본 자넷은 다시 자신의 관점으로 돌아온다. 그러면서 지금까지와는 다른 방식으로 이 문제에 접근할 필요가 있다는 것을 깨닫는다. 이제 샐리를 탓하기보다는 자신의 감정과 필요를 차분하게 전달해야겠다고 마음먹는다. 자넷은 샐리와 대화를 나누기로 결심하고, 먼저 이번 갈등에서 자신 역시 일정 부분 책임이 있다

는 점을 솔직하게 인정하며 이야기를 시작할 생각이다. 그리고 샐리와의 우정을 소중히 여기고 있으며 앞으로도 함께 지내고 싶다는 마음을 전하면서 다만 청소에 있어서 조금 더 도움이 필요하다고 솔직하게 말할 계획이다. 자넷은 샐리의 입장도 귀 기울여 듣고, 두 사람 모두에게 맞는 해결책을 함께 찾아가고 싶다고 생각한다.

이 예시에서 자넷은 조망수용을 통해 샐리의 시선에서 갈등을 바라볼 수 있었다. 덕분에 더 건설적인 방식으로 문제에 접근할 수 있으며, 그 결과 두 사람은 보다 생산적인 대화를 나누면서 갈등을 풀어갈 수 있는 가능성도 생겨났다.

타인의 관점을 이해하는 능력을 키우는 팁

✦ 첫째, 영화나 TV 프로그램 보기

이야기에 몰입하는 것은 조망수용 능력을 키우는 데 매우 좋은 연습이 된다. 실제로 연구에 따르면, 소설을 읽거나 드라마를 시청하는 것은 공감 능력과 조망수용 능력 향상에 도움이 되는 것으로 나타났다. 먼저 영화나 TV 프로그램을 하나 선택하고, 등장인물 중 한 사람의 관점에서 이야기를 바라보는 연습을 해보자. 자신과 성향이 비슷한 인물부터 시작하고, 점차 나와 전혀 다른 인물의 관점으로도 이야기를 바라보는 훈련을 해볼 수 있다.

영화나 TV 프로그램을 시청할 때는 전체 분량의 3분의 1, 절반, 그리고 4분의 3 지점에서 각각 잠시 멈춰보자. 그때마다 등장인물이 어떤 생각을 하고 있는지, 왜 그런 행동을 하는지, 어떤 감정을 느끼고 있는지를 스스로에게 질문해 본다. 시청을 마친 뒤에는 그 인물의 관점을 얼마나 잘 이해했는지 자문하며 스스로를 평가해 본다. 이야기 속 사건을 그 인물의 시선으로 얼마나 비슷하게 받아들였는지, 인물의 내면을 얼마나 정확히 읽어냈는지, 그리고 그 감정을 얼마나 함께 느낄 수 있었는지가 그 판단의 기준이 된다.

허구의 인물을 통해 조망수용을 연습하는 일은 직장 동료나 실제 삶에서 마주하는 사람들과의 관계 속에서 이를 실천하는 것보다 더 쉬울 수 있다. 영화나 드라마 같은 허구의 서사는 특정 인물에 공감하고 감정이입을 하도록 구성되어 있기 때문이다. 게다가 우리는 현실 속 관계만큼 허구의 인물에게 감정적으로 몰입하지 않기 때문에 더 편안한 마음으로 접근할 수 있다. 이런 연습을 통해 허구의 인물의 관점과 마음 상태를 이해하는 데 익숙해지면 차츰 일상적인 상호작용에서도 같은 방식으로 조망수용을 시도할 수 있다.

예컨대 직장 동료의 특정 행동이 이해되지 않을 때, 그 사람의 입장에서 상황을 바라보려 노력하는 것이다. 그 사람이 요즘 어떤 상황에 놓여 있는지, 어떤 생각이나 감정 속에 머물러 있는지를 상상하는 것만으로도, 상대의 관점을 더 폭넓게 이해할 수 있게 된다. 이러한 연습은 실제 인간관계에서 공감의 폭을 넓히고, 조망수용 능력을 자연스럽게 키우는 데 도움이 된다.

『굿 윌 헌팅』은 조망수용을 연습하기에 좋은 영화다. 이 작품에는 각기 다른 배경과 경험을 지닌 인물들이 등장하며, 이들은 단순하지 않은 내면과 감정을 지닌 복합적인 존재로 그려진다. 예를 들어, 주인공 윌의 관점에서 이야기를 바라보며 조망수용을 연습해 볼 수 있다. 윌은 천재적인 재능을 가졌지만, 아픈 과거의 상처 때문에 다른 사람과 가까워지거나 자신의 약한 모습을 드러내는 데 어려움을 겪는다. 영화를 보는 동안, 전체의 3분의 1 지점, 절반 지점, 그리고 4분의 3 지점에서 영상을 잠시 멈추고 다음과 같은 질문을 자신에게 던져보자.

- 윌이 지금 하고 있는 생각은 무엇이며, 왜 그런 생각을 하게 됐을까?
- 그는 화가 난 걸까, 슬픈 걸까, 기쁜 걸까, 아니면 또 다른 감정을 느끼고 있는 걸까?
- 그런 생각이나 감정을 품게 된 배경에는 마음이 자리하고 있을까?
- 윌이 그런 행동을 하는 이유는 무엇일까?
- 그는 지금 분노를 표출하고 있는 걸까, 방어적인 반응을 보이고 있는 걸까, 아니면 사람들을 일부러 밀어내려는 걸까?
- 그가 그렇게 행동하게 되는 근본적인 동기는 무엇일까?
- 윌이 지금 겪고 있는 감정은 무엇이며, 왜 그런 감정을 느끼게 된 걸까?
- 그는 두려운 걸까, 상처받은 걸까, 답답한 걸까, 아니면 또 다른 감정이 자리하고 있는 걸까?
- 그런 감정을 느끼게 된 원인은 무엇일까?

영화를 끝까지 보고 뒤에는 스스로에게 다음과 같은 질문을 던져볼 필요가 있다.

- 나는 영화 속 사건들을 윌이 이해한 방식과 비슷하게 이해할 수 있었는가?
- 나는 윌이라는 인물을 잘 이해하고 있다고 느끼는가?
- 그를 움직이는 동기는 무엇이며, 그가 지닌 두려움과 불안은 무엇이라고 생각하는가?
- 나는 윌이 왜 그런 행동을 했는지 그 이유를 이해하려 노력했는가? 예를 들어, 왜 그는 다른 사람의 도움을 받는 데 주저했는지, 왜 자신의 지능에 관해 그렇게 방어적으로 반응했는지를 말이다.
- 나는 윌의 입장에서 생각해 보고, 그의 시선으로 세상을 바라볼 수 있었는가?
- 나는 윌이 드러낸 감정들, 이를테면 분노나 연약함 등을 느낄 수 있었는가?
- 이야기의 중요한 순간마다, 나는 윌이 겪고 있는 것을 명확히 이해하고 있었는가?

이처럼 타인의 관점을 따라가는 연습을 반복하다 보면, 나와는 전혀 다른 환경과 감정을 지닌 사람들의 동기와 경험도 더욱 깊이 있게 이해할 수 있게 된다. 이는 공감 능력을 키우는 데 큰 도움이 되며 현실 속에서 다른 이들과 더욱 진실하고 효과적으로 소통하는 데에도 분명한 힘이 되어줄 것이다.

✦ 둘째, 사회적 상상력 발휘하기

사회적 상상력을 발휘한다는 것은 특정 상황에서 타인의 입장이 되어 그들의 생각과 감정, 행동을 이해해 보려는 노력을 의미한다. 이러한 기법은 하나의 장면이나 사건을 다양한 시각으로 바라볼 수 있게 해주며 타인에 대한 공감 능력을 키우는 데 큰 도움이 된다.

이 능력을 기르기 위한 한 가지 효과적인 방법은 앞서 소개한 방식과 유사한 역할수용role-taking을 실천해 보는 것이다. 예를 들어, 한 남성이 다른 남성의 머리에 총을 겨누고 있고, 그 옆에 두 명의 남성이 서있는 사진을 보게 되었다고 하자. 대부분은 처음에 총을 든 남성을 범죄자로, 나머지 두 사람을 죄 없는 피해자로 쉽게 단정 짓기 마련이다. 하지만 사회적 상상력을 발휘하면 사진 속 각 인물의 입장에서 상황을 바라보려는 시도를 해볼 수 있다.

먼저 사건이 벌어지기까지의 과정과 그 순간에 일어나고 있는 일, 그리고 그 결과까지를 담은 극적인 이야기를 하나 써보자. 그다음에는 그 이야기를 사진 속 각 인물의 관점에서 다시 구성해 보자. 총을 든 남성부터 넥타이를 맨 남성, 마지막으로 카메라를 등지고 있는 남성까지 각 인물의 입장에서 같은 사건을 다시 구성해본다. 이때 각 인물이 무엇을 생각하고 느끼는지, 그리고 그들의 고유한 내면의 서사가 어떻게 행동과 태도에 반영되는지를 함께 고민해야 한다.

모든 이야기를 완성한 뒤에는 자신이 과연 각 인물의 관점을 얼마나 잘 바꿔가며 쓸 수 있었는지를 평가해 본다. 서로 다른 이야기들 사이에 일관성이 있었는가? 등장인물들의 심리 상태와 동기를 잘 묘사했는가? 만약 이 과정이 어렵게 느껴진다면 다른 이미지나 상황을 활용해 반복 연습하면서 사회적 상상력을 점차 키워갈 수 있다.

사회적 상상력을 발휘하면, 다양한 관점에서 사물을 바라보는 능력을 기를 수 있을 뿐 아니라 타인에 대한 공감 능력도 함께 키울 수 있다. 이는 특히 타인의 관점을 이해하는 능력이 효과적인 소통과 건강한 관계 형성에 중요한 역할을 하는 사회적 상황에서 큰 도움이 된다.

다음은 이를 연습할 수 있는 또 하나의 예시이다. 한 식당의 관리자가 되었다고 가정해 보자. 그런데 직원 한 명이 계속 지각을 한다. 이 상황을 잠시 여러 관점에서 생각해 보자.

- **직원의 입장에서**: 그 직원이 반복적으로 지각하는 데에는 어떤 이유가 있을까? 교통 문제나 가족 돌봄과 같은 개인적인 사정 때문일까, 아니면 시간 엄수에 대한 동기가 부족한 것일까? 그 직원은 자신의 지각에 대해 어떻게 느끼고 있을까? 스스로 답답함을 느끼거나 반복되는 지각을 부끄럽게 느끼고 있을까? 그렇다면 관리자 입장에서는 직원의 상황에 공감하면서도 동시에 문제를 어떻게 해결해 나갈 수 있을까?

- **고객의 입장에서**: 직원의 지각이 서비스 경험에 영향을 미친다면 고객은 이 상황을 어떻게 받아들일까? 느린 서비스에 짜증이 나거나 실망감을 느끼진 않을까? 이런 상황이 반복된다면, 고객은 다시 그 식당을 찾고 싶어 할까? 고객의 불편을 최소화하면서도 직원의 행동을 개선하기 위해 어떤 조치를 취할 수 있을까?

- **사장의 입장에서**: 직원의 지각은 전체 비즈니스에 어떤 영향을 주고 있을까? 전반적인 생산성이 떨어지거나 수익에 영향을 미치고 있지는 않을까? 향후 지각을 방지하고 직원이 책임감을 갖도록 하기 위해 어떤 정책이나 절차를 마련할 수 있을까?

이처럼 하나의 상황을 여러 관점에서 바라보면, 문제를 더 깊이 이해할 수 있으며 모든 당사자에게 도움이 되는 현실적인 해결책을 찾을 수 있다.

✦ 셋째, 일상 속에서 조망수용 연습하기

세 번째 팁은 조망수용을 일상 속에서 실천하는 것이 얼마나 중요한지를 강조한다. 이는 특히 갈등 상황에서 상당히 도움이 된다. 이를 위해 가장 최근에 누군가와 겪었던 갈등이나 현재 겪고 있는 갈등을 떠올리는 것부터 시작해 보자.

먼저 그 사람과 어떤 일이 있었는지를 차분히 되짚어 보고, 그 상황을 글로 정리해 본다. 이어서 갈등을 불러왔을지도 모르는 자신의 행동이 무엇이었는지 생각해 본다. 그런 다음, 상대의 입장에서 그가 내 행동을 어떻게 받아들였으며, 어떻게 느꼈을지를 상상해 본다. 그 갈등이 그 사람의 감정에 어떤 영향을 미쳤을지도 함께 헤아려보는 것이 좋다.

마지막으로 갈등을 피하거나 해결하기 위해 그 사람의 입장에서 자신이 달리 행동할 수 있었던 부분이 무엇이었을지를 생각해 본다. 이 과정을 통해 잠시 자신의 관점을 내려놓고, 타인이 자신의 행동을 어떻게 받아들였는지를 보다 깊이 이해할 수 있다. 이처럼 일상 속에서 조망수용을 연습하면 타인과의 관계와 의사소통 능력이 자연스럽게 나아지고, 갈등에서 비롯된 부정적인 감정도 줄일 수 있다. 타인의 관점을 이해하고 공감하게 되면, 서로의 입장을 조율할 수 있는 접점을 찾을 수 있고 함께 문제를 해결해 나갈 가능성도 훨씬 높아진다.

최근 동료와의 의견 충돌이 있었다면 그 갈등을 조망수용을 실천할 수 있는 기회로 삼아보자. 먼저 그 상황을 동료의 입장에서 바라보고, 아래와 같이 글로 정리할 수 있다.

- Q. 나와 동료 사이에 어떤 일이 있었는가?

  A. 나는 동료와 프로젝트를 어떻게 진행할지에 대해 의견 충돌을 겪고 있다.

- Q. 갈등을 유발한 나의 행동은 무엇이었나?

  A. 나는 내 방식을 고집했고, 동료의 아이디어를 진지하게 받아들이지 않았다.

- Q. 동료는 내 행동을 어떻게 받아들였을까?

  A. 동료는 자신이 존중받지 못하고 무시당했다고 느꼈을 수 있으며, 내가 그의 의견을 중요하게 생각하지 않는다고 여겼을 가능성이 있다.

- Q. 이 갈등은 동료에게 어떤 감정적 영향을 주었을까?

  A. 동료는 불쾌하고 화가 났으며, 일에 대한 의욕이 떨어졌을 수 있다.

- Q. 동료의 입장에서 생각해 볼 때, 나는 무엇을 다르게 했어야 했을까?

  A. 동료의 의견을 더 열린 마음으로 듣고, 그의 의견에 감사의 뜻을 표현했어야 했다.

갈등을 동료의 관점에서 바라보면 그들의 감정과 행동에 담긴 이유를 더 깊이 이해할 수 있다. 이러한 이해는 갈등에 보다 건설적으로 접근하도록 돕고, 서로에게 이익이 되는 해결책을 찾는 데 기여한다. 조망수용은 누군가를 비난하거나 책임을 회피하는 것이 아니다. 오히려 상황에 대해 더 깊이 이해하고, 공감과 열린 마음으로 다양한 관점을 받아들이려는 태도라는 점을 명심하자.

(SUMMARY)

▌ 해로운 사람은 책임을 회피하고 잘못을 타인에게 떠넘기는 데 능숙하며, 다른 이의 선의나 두려움을 이용하고 상황을 자신의 이익에 맞게 조작하는 데도 익숙하다. 이들이 자주 사용하는 방법 중 하나는 가스라이팅으로 상대방이 마치 자신이 잘못한 것처럼 느끼게 만들어 혼란과 자기 의심을 유도한다.

▌ 해로운 사람은 상대에게 정신적·감정적인 피로를 주고 자존감을 떨어뜨리며 현실을 제대로 보지 못하게 만든다. 이런 사람과의 관계는 끊임없는 스트레스와 불안을 불러오고, 결국 마음뿐 아니라 신체 건강에도 부정적인 영향을 줄 수 있다. 따라서 해로운 사람과는 일정한 거리를 두거나, 때로는 그 관계를 완전히 내려놓는 것이 가장 나은 선택일 수 있다.

▌ 용서란 잘못한 사람과의 관계를 다시 회복하는 것을 뜻하지 않으며, 그들이 저지른 잘못을 정당화하는 것도 아니다. 진정한 용서는 일어난 일을 있는 그대로 인정하고, '만일 다르게 했더라면 어땠을까?' 하는 생각을 곱씹지 않는 것이다.

> 조망수용은 타인의 관점에서 상황을 바라보는 능력이다. 이는 사회적 상호작용과 의사소통의 핵심 요소이며, 관계 형성과 공감, 이해를 쌓는 데도 필수적인 능력이다.